Sabine Stollberger

Am Anfang ist es nur ein Traum

Sabine Stollberger

Am Anfang ist es nur ein Traum

Wie scheinbar Unmögliches möglich wird

Edition Dreaming

Bibliografische Information der Deutschen Nationalbibliothek:

Die Deutsche Nationalbibliothek verzeichnet diese Publikation in der Deutschen Nationalbibliografie; detaillierte bibliografische Daten sind im Internet über http://dnb.dnb.de abrufbar

Edition Dreaming

© Edition Forsbach, Fehmarn 2018
www.edition-forsbach.de

Imprint © Edition Dreaming, Hurghada

1. Auflage 2018
ISBN 978-3-95904-080-8

Auch als E-Book erhältlich
ISBN 978-3-95904-081-5

www.40pluscoach.com

Coverbild: © Sabine Stollberger
Autorenfoto: © Sabine Stollberger

Printed in Germany

Inhalt

Einleitung

Story „Am Krankenbett ..."

Ich öffnete die Tür im Krankenhaus zum Zimmer meines Mannes und sah nach einigen dunklen Tagen wieder in fröhliche Augen. Ich saß noch gar nicht am Krankenbett neben ihm, da winkte er mit einer Annonce aus einer Kärntner Tageszeitung und lächelte über das ganze Gesicht: „Ich habe wieder eine tolle Reise für uns entdeckt!" Zuerst freute ich mich sehr. Doch als ich hörte, wohin es gehen sollte, musste ich mich doch bemühen, meine Enttäuschung zu verbergen.

Was soll ich in Ägypten? Ich habe mich noch nie für dieses Land interessiert! Ja, das waren meine ersten Gedanken ...

In Anbetracht seiner großen Freude und des damit verbundenen Ausblicks auf einen rascheren Genesungsverlauf sagte ich dann doch ziemlich rasch: „JA! Das machen wir!"

In den verbleibenden Wochen bis zum Beginn der Reise organisierte ich alles. Ich kaufte fast alle Bücher über Ägypten, die wir in der großen Buchhandlung in Klagenfurt, in der ich damals arbeitete, auf Lager hatten. Wie immer waren wir auch für unsere erste gemeinsame Reise nach Ägypten gut vorbereitet.

Was dann nach der Ankunft in Luxor passierte, war das, was ich gerne „Liebe auf den ersten Blick" nenne.

Die Nilkreuzfahrt von Luxor nach Assuan, die Weiterreise nach Abu Simbel und wieder retour mit Besuch aller wichtigen historischen Stätten hat mich fast umgehauen vor Faszination. In der zweiten Woche am Roten Meer ging ich sogar mit Fieber schnorcheln, weil ich das Rote Meer unbedingt spüren und ein bisschen eintauchen wollte in diese für mich ganz neue Unterwasserwelt.

Ein Jahr später waren wir wieder in Ägypten, um drei Wochen lang das „ganze" Land zu bereisen. Von Kairo durch die Weiße Wüste bis zur Oase Farafra, dann weiter nach Luxor. Von Luxor den Nil flussaufwärts bis nach Assuan und Abu Simbel, den Nil wieder flussabwärts bis nach Qena, von dort ans Rote Meer bis nach Suez. Quer über den Suezkanal ging es weiter auf die Halbinsel Sinai, um dort nicht nur das Katharinenkloster zu besichtigen, sondern auch den Moseberg zu besteigen und durch das bezaubernd schöne Blue Valley zu wandern.

Am Ende sind wir wieder in Kairo, am Ausgangspunkt unserer Reise, angelangt. Eine Stadt, in der bereits mein Urgroßvater im Jahr 1900 für fast ein Jahr gelebt hatte. Das wusste ich aber damals noch gar nicht!

Wie sehr dieses Wissen dann später auch meine Entscheidung beeinflusst hat, mir meinen großen Traum zu erfüllen, darüber werde ich noch erzählen.

Es war dann unsere letzte gemeinsame Reise nach Ägypten, denn ich wurde im Alter von 30 Jahren an einem Valentinstag Witwe.

Seit dieser großen Ägypten-Reise war ich weitere fünfzehn Male in diesem Land. Es sind 16 Jahre vergangen, bis ich mich endlich im Alter von 45 Jahren entschieden habe, mir meinen seit damals geheimen Traum vom Leben auf dem afrikanischen Kontinent zu erfüllen.

Meine Einladung an dich

Am Anfang ist es nur ein Traum. Im Alter von 45 Jahren habe ich begonnen, meinen großen Traum vom Leben auf dem afrikanischen Kontinent zu leben. Die Entscheidung, es JETZT zu tun, war nicht nur die wichtigste Entscheidung meines Lebens, sie war auch eine der besten Entscheidungen meines Lebens.

Wie oft im Leben hören wir „Träume nur weiter!" oder „Wach endlich auf! Träumen kannst du später immer noch." Einen großen Traum, den großen Wunsch nach etwas Besonderem, verstehen wir viel zu oft als eine Illusion, als ein nie erreichbares Ziel. So oft wird er lächerlich gemacht, und somit stellen ihn viele Menschen mutlos in eine Ecke.

Ich lade dich ein, deinen Traum, deine besonderen Wünsche aus dieser Ecke herauszuholen!

Mit meinem Buch „Am Anfang ist es nur ein Traum", den Erzählungen sowie Anregungen als 40plusCoach möchte ich dich ermutigen, an dich und deine Fähigkeiten zu glauben. Es ist ein Irrtum anzunehmen, meine große Entscheidung, alles in Österreich aufzugeben, vom sehr guten Job als Vertriebsleiterin im größten österreichischen Bildungsverlag bis hin zur traumhaft schön gelegenen

Wohnung im Salzburger Anif, sei nur möglich gewesen, weil ich besonders mutig war und bin. Nein, ganz ehrlich: Es braucht viel mehr als „nur" Mut. Es braucht vor allem: Selbstvertrauen, Selbstbewusstsein und das Wissen, was einen selbst ausmacht und wofür das eigene Herz ganz heftig schlägt.

Ich möchte dich Schritt für Schritt mit auf den Weg nehmen. Denn alles ist erlernbar, und die meisten Menschen wissen gar nicht, was in ihnen steckt. Ich wusste das auch nicht, bis es mir verschiedene Personen gesagt und gezeigt haben. Auch in dir steckt ganz viel.

Ich lade dich ein, den Weg durch mein Buch zu deinem Weg werden zu lassen, der dir zeigen wird, wie auch du dir mit Herz und Verstand deinen großen Traum oder deine vielen kleinen Träume erfüllen kannst.

Ich lade dich auch ein, mein „Du" anzunehmen, aus zwei für mich guten Gründen. Erstens, weil ich sehr viel von mir erzähle. Ich gebe dir einen tiefen Einblick in mein privates Leben. Das tue ich, weil ich möchte, dass du mir vertraust, und ich tue es, weil ich dir vertraue. Ich vertraue auch darauf, dass du damit achtsam umgehen wirst.

Der zweite und nicht weniger wichtige Grund für mein „Du" an dich ist: ich trete mit dir sehr oft in einen Dialog. Ich frage dich Dinge, die sich vielleicht noch nie jemand getraut hat, dich zu fragen. Und bestimmt niemand, der dich mit „Sie" anspricht. Ich biete dir Anregungen und Impulse an, die dein Herz berühren sollen und werden. Das gelingt in der Du-Form besser und leichter. Auch ich gehe damit achtsam um. Ich hoffe, du nimmst mein „Du" an und danke dir dafür ganz herzlich.

Du hast bestimmt auch schon viele Sprüche gehört wie „Folge deinem Herzen!" oder „Geh, wohin dein Herz dich trägt". Nicht nur, weil ich alleine als Frau mit über 40 in ein arabisches Land ausgewandert bin, auch als Coach bin ich davon überzeugt, dass wir bei all unseren Entscheidungen auch unseren Verstand brauchen, damit sich die größte Entscheidung in unserem Leben von Beginn an gut anfühlen kann. Und das kann sie nicht, wenn Herz und Verstand sich nicht einig sind, wenn sie sich gegenseitig immer wieder in die Quere kommen und uns womöglich blockieren. Ja, Herz UND Verstand dürfen Hand in Hand gehen!

Ich freue mich, wenn auch dein Herz und dein Verstand nach dem Lesen dieses Buches mit dir Hand in Hand DEINEN Weg in eine erfüllte zweite Lebenshälfte gehen werden …

„Es scheint immer etwas unmöglich zu sein,
bis es getan wird."
(Nelson Mandela, 1918-2013)

Herz und Verstand gehen Hand in Hand

Story „If you are looking at the sea …"

*„If you are looking at the sea,
I can see in your eyes how much you are loving it …"*

Das sagte ein ägyptischer Freund an einem Nachmittag im März 2017 zu mir, als ich nach einem Tauchtag verträumt in der angenehm warmen Sonne in den Horizont blickte.

Ich hatte in diesem Urlaub, wie schon so oft, das Rote Meer mit seiner faszinierenden Unterwasserwelt genossen und vor allem eines: die Sonnenaufgänge. Hier am Roten Meer geht die Sonne glühend rot auf und verzaubert für eine knappe halbe Stunde die Oberfläche des Meeres orangerot. Jeden Tag stellte ich mir den Wecker, um dieses Schauspiel aus unterschiedlichen Perspektiven zu genießen. Einmal bin ich dafür sogar auf das leicht erreichbare Kuppeldach der Hotelanlage gestiegen. Dabei sind tolle Fotos entstanden, auch bei schönen Sonnenuntergängen.

Diesmal ging ich gar nicht so oft tauchen, wie ich es sonst immer tat. Mir war die Wassertemperatur mit 23 Grad für lange Tauchgänge einfach noch zu kühl. Doch die wenigen und erfrischenden Tauchgänge habe ich trotzdem genossen. Das Gefühl, im Wasser zu schweben, in eine magische Unterwasserwelt abzutauchen und dabei so viel beobachten und entdecken zu können, war Glück pur für mich.

Ja, das Tauchen wurde zu einer meiner großen Leidenschaften, und viele hunderte Tauchgänge machten mich zu einer guten und sicheren Taucherin. Ich liebte es, in einem Boot zu sitzen, am Roten Meer unterwegs zu sein und dabei in den scheinbar endlosen blauen Horizont zu sehen. Der Blick in die Weite machte auch meinen Horizont weiter. Diesmal machte er ihn ganz besonders weit.

Als ich nach diesem Urlaub nach Hause kam, spürte ich schon bei der Landung am Flughafen in Salzburg, dass etwas anders war als sonst bei der Heimkehr nach einem Urlaub. In meiner Wohnung stellte ich meine Koffer nur in eine Ecke. Ich fühlte, dass ich raus in die Natur musste, um meine gewohnte Dankbarkeitsrunde zu gehen und mich wieder wohlzufühlen.

Was ich dann in meinem mir so liebgewordenen Anif (ein südlich von Salzburg gelegener idyllischer, bezaubernder Ort) erlebt habe, war gar nicht schön: Ich fühlte mich als Fremde in meiner eigenen Heimat.

Wer weiß, wie sehr ich mein Leben in Anif genossen hatte, der kann auch erahnen, wie erschrocken ich in diesem Moment war. Es war gut, dass der Berufsalltag mich wieder voll im Griff hatte, doch eine Woche später sagte ich beim Beenden eines Rhetoriklehrgangs zum Seminarleiter: „Ich bin am falschen Ort für das, was ich gerne tun möchte."

Als ich diesen Satz für mich selbst überraschend und komplett ungeplant ausgesprochen hatte, wusste ich, dass ich bereit für einen Neuanfang war.

40plus und was jetzt?

Ja, ich war bereit für einen Neuanfang. Ich war bereit, alles aufzugeben, was ich mir beruflich in Österreich erarbeitet hatte. Mit Anfang 20 war ich ausgebildete Grundschullehrerin ohne Aussicht auf eine Anstellung gewesen.

Ich hatte einen zweiten Berufsweg eingeschlagen, ließ mich zur Buchhändlerin ausbilden und wurde dann bald Abteilungsleiterin. Als ich nach Salzburg übersiedelte, dauerte es nicht lange, bis ich nicht nur eine Abteilung leitete, sondern gleich eine ganze Buchhandlung.

Irgendwann hatte ich dann genug von der Arbeit im Handel und wechselte in das Verlagswesen. 12 Jahre habe ich für den größten und für mich besten Bildungsverlag in Österreich gearbeitet. Zuerst als Außendienstmitarbeiterin und dann als erfolgreiche Vertriebsleiterin.

Mein Herz war für die größte Entscheidung meines Lebens schon lange bereit, doch mein Verstand hatte mich jahrelang daran gehindert.

Warum konnte ich es dann scheinbar doch ganz plötzlich tun?

Die Antwort ist: weil ich mir bereits vor, dann während und auch nach meiner Ausbildung zum NLP und Hypnose Coach sehr viele Gedanken über mich und mein

Leben gemacht habe. Ja, ich habe mir ganz viele Fragen zu stellen begonnen und für alle nicht nur eine, sondern meine Antwort gefunden.

Wenn du mal vorsichtig in Gedanken auf deine zweite Lebenshälfte blickst, darfst du dir dann nicht auch die Frage stellen, ob du die nächsten 20 Jahre deinen Alltag, beruflich und privat, so verbringen möchtest, wie du es heute tust?

Ich sage nein. Du darfst nicht – du „musst"!

Wenn zu mir jemand sagt „du musst" – ja, dann schrillen bei mir gleich die Alarmglocken! Ich schalte auf „stur"! „Ich muss gar nichts!" Da ich ja nicht zu dir spreche, brauchst du dir deine Ohren auch nicht zuzuhalten.

Du könntest das Buch gleich wieder zuschlagen, aber ich lade dich ein, weiterzulesen – nicht (nur) weil ich möchte, dass du mein erstes Buch bis zur letzten Seite liest, sondern weil ich mir auch für dich wünsche, dass du dein Leben genießen kannst. Und ein erster Weg dorthin ist, sich Fragen zu stellen. Mit diesen Zeilen möchte ich dir einen Impuls geben und dich ermutigen, dir im ersten Schritt die für dich richtigen Fragen zu stellen.

Du bist mit 40plus in der Mitte deines Lebens angekommen. Ich bin, wie du merkst, ein sehr positiv denkender Mensch. Das heißt, du hast dein halbes Leben noch vor dir. Bist du es dir wert, wirklich einen Blick auf die zweite Lebenshälfte zu werfen?

„Noch"-Pessimisten können ja ihren Blick auf das letzte Viertel ihres Lebens werfen.

Als ich meinen Satz vor einigen Jahren ausgesprochen habe, einmal, zweimal, sogar dreimal – hat er sich kein einziges Mal annähernd echt angehört und auch nicht echt angefühlt. Ich habe dann erstmals gespürt, wie sehr ich mich danach sehnte, dass dieser Satz real wurde. Dann erst habe ich mir zugetraut, meine für mich richtigen Fragen zu stellen und Antworten zu finden.

Kannst du wirklich Ich sein?

Hast du dir diese Frage schon einmal gestellt? Kennst du dich so gut, dass du diese Frage beantworten kannst? Bist du für deinen Partner, deine Kinder und andere Menschen tatsächlich die Person, die du selbst gerne sein möchtest?

Ich möchte dich nicht auf einen „Ego-Trip" führen. Mir ist ganz wichtig, dass du das weißt. Dein gedanklicher

„Check" hat nicht das Ziel, dich von deinem Partner zu trennen, deinen Kindern weniger Liebe zu schenken oder Ähnliches.

Natürlich geht es bei den folgenden Fragen um DEIN ICH:

- Wie viel Zeit nehme ich mir für mich?

- Wie viel Zeit brauche ich für mich?

- Wieso nehme ich mir die Zeit viel zu selten und zu oft gar nicht?

- Was sind meine Lieblingsgründe, sie mir nicht zu gönnen?

- Mache ich beruflich wie privat Dinge, die mir Freude machen?

- Genieße ich „echt" die Zeit mit meinen Kindern?

- Erlebe ich mit meinem Partner ausreichend schöne und genussvolle Momente?

- Stehe ich gerne in der Früh auf und freue mich auf einen weiteren Tag voller Herausforderungen, wenn ich in den Spiegel blicke?

Es darf auch mal nur um DICH gehen. Warum und wozu? Weil ich davon überzeugt bin: Nur wenn es uns gut geht, wenn wir uns in unserer Haut wohl fühlen, dann können wir auf ganz besondere Weise die Herzen unserer Mitmenschen erreichen.

Es geht nicht darum, egoistisch dein Ich auszuleben und damit deinen Mitmenschen Schmerzen zuzufügen. Es geht darum, DEIN ICH zu leben, es wieder neu zu entdecken. Es geht um das Ankommen in deiner Mitte.

Dafür ist es nie zu spät – zumindest nicht in diesem deinem Leben, das dir zur Verfügung steht.

Du darfst dieses Leben nutzen – für dich und andere.

Ich-sein hilft – nicht nur dir selbst

Bist du von Familienangehörigen, deinem Partner oder von Freunden auch schon als egoistisch bezeichnet worden? Und hast du schon begonnen, es auch selbst zu glauben? Vielleicht sogar mit dem Resultat, dass du zugelassen hast, dich selbst zu verbiegen?

Mir ist das passiert …

Als ich mich schon so „verbogen" gefühlt habe, dass es keine Chance gab, mich auch nur irgendwie „rund" zu fühlen, genau zu diesem Zeitpunkt habe ich zum ersten Mal ganz aufmerksam die Sicherheitsanweisungen im Flugzeug wahrgenommen.

So oft hatte ich ignoriert, dass ich mir die Sauerstoffmaske zuerst überstülpen darf, bevor ich einem Kind oder einer hilfsbedürftigen Person damit helfe. Wie viele Mütter würden ihr Kind und sich in Gefahr bringen, wenn sie im Ernstfall dieser Anweisung nicht folgen? 90 %? Es darf und „muss" mir gut gehen, damit ich für andere da sein kann.

Was für eine Erleichterung habe ich in diesem Moment gespürt!

Es darf dir gut gehen

Wenn es dir gut geht, kannst du deine volle Aufmerksamkeit und Konzentration auf jene Menschen richten, die in bestimmten Momenten deine Unterstützung brauchen oder dich um deine Hilfe gebeten haben. Die Qualität deiner Hilfe und Unterstützung ist eine ganz andere, wenn es dir gut geht.

Wenn es dir wichtig ist, dass es dir gut geht und du dich für dein „Gut gehen" verantwortlich fühlst, dann kannst du auch Verantwortung für jene Menschen übernehmen, die das selbst noch nicht so gut können.

Es wird sich nicht als Last anfühlen, sondern als Privileg. Das Privileg, diese Menschen dabei zu unterstützen, schon bald selbst die Verantwortung für sich zu übernehmen.

Ich-sein macht zufrieden

Seit ich mich richtig rund fühle – und das ist jetzt mit ein paar Ausnahmen fast schon ein dauerhafter Zustand geworden – bin ich mit mir sehr zufrieden. Das ist toll und nicht nur für mich selbst. Je mehr wir mit uns zufrieden sind, desto mehr sind wir es auch mit anderen. Diese positive Veränderung hat große Auswirkungen, beruflich wie privat. Der Umgang mit Kollegen und Mitarbeitern wird entspannter.

Hier in Ägypten läuft oftmals etwas nicht rund. Doch wenn ich mich selbst rund fühle, dann reagiere ich auf meine Umwelt viel gelassener. Das ist auch ein Grund, warum ich mich hier in Ägypten so wohl fühle. Es ist ein Land, in dem manchmal einiges sehr lange dauert, zumindest für europäische Verhältnisse (doch ich habe auch schon das Gegenteil erlebt).

Wer hier nicht zufrieden mit sich selbst ist, lässt sich viel eher aus der Ruhe bringen. Diese äußere wie innere Unruhe kann sehr schnell unzufrieden machen.

Für mich ist das Gefühl der Zufriedenheit vielleicht das, was andere auch als Glücklichsein bezeichnen. Für dich ist es vielleicht ein Wort wie harmonisch oder erfüllend, oder ein ganz anderes. Egal, welchen Namen jeder von uns diesem Gefühl gibt: Jedes Gefühl wird dafür sorgen, dass wir unser Leben genießen können. Alleine, zu zweit, mit und ohne Kinder, mit unseren Mitmenschen und mit unseren Kollegen bei der Arbeit …

Lerne dich, dein Herz und deinen Verstand kennen

Um das zu tun, was wir wirklich aus tiefsten Herzen und tiefster Seele tun wollen, ist es wichtig, sich selbst intensiv zu spüren. Dieses Spüren, so sehr es uns auch zuerst erschrecken mag, anzunehmen und nicht gleich wieder für immer zu verdrängen, ist enorm wichtig.

Wir erschrecken nicht unser Herz, dafür aber umso mehr unseren Verstand.

Sofort schießen uns unzählige „Ja, aber ..." in den Kopf:

- „Ja, aber das kannst du doch mit 40plus nicht mehr machen!?"

- „Ja, aber was wird deine Familie dazu sagen!?"

- „Ja, aber was tust du, wenn es schief geht!?"

Ja aber, ja aber, ja aber ...

Zu viele Menschen folgen dann der Stimme des Verstandes und lassen ihr Herz mit all den „Ja aber" verstummen.

Weißt du, was eines meiner größten „Ja, aber ..." war?

Ja, aber ich kann doch nicht Österreich mit all den Vorteilen des immer noch vergleichsweise guten Gesundheitssystems einfach aufgeben!

Dieses „Ja aber" hat mich jahrelang davor zurückgehalten, mich auch nur im Ansatz ernsthaft mit der Umsetzung meines großen Traumes zu beschäftigen. Dabei war es dann so einfach, eine gute Versicherung abzuschließen, die ich mir auch leisten konnte. Egal, ob ich in Ägypten oder in Österreich bei einem Arzt oder in einem Krankenhaus eine Behandlung in Anspruch genommen habe, es wurde mir bis jetzt alles rückerstattet.

Mit dieser Versicherung war mein Verstand zufrieden, mein Herz begann fröhlich zu hüpfen und der Verstand reichte dem Herzen die Hand.

Höre auf dein Herz und frage ...

Wie groß die Entscheidungen in deinem Leben auch noch sein mögen, höre auf dein Herz, fühle in dich hinein und dann frage dich:

Was braucht dein Verstand,
damit er deinem Herzen die Hand reichen kann?

Herz und Verstand sollten nie Gegenspieler sein. Beide haben ihre Stärken und es liegt nun an dir, diese zu erkennen und zu nutzen.

Als ich für alle meine „Ja, aber …" Antworten und Lösungen gefunden hatte, machte ich noch eines: Ich fragte meinen besten Freund, welche „Ja, aber" ihm aus seiner Sicht noch einfielen. Auch auf diese fand ich für meinen Verstand eine Antwort. Beide – Herz und Verstand – drückten sich dann ganz fest ihre Hand.

Was braucht dein Verstand, damit er deinem Herzen die Hand reichen kann? Wenn du darauf deine Antwort findest, wird dein Traum mehr als „nur" ein Traum sein. Wenn du darauf deine Antwort findest, ist der Weg frei, dir deinen Traum zu erfüllen. Wenn du darauf deine Antwort findest, wird in deinen Augen sichtbar und in deiner Stimme hörbar sein, wie sehr du liebst, was du tust.

Vertraue zuerst deinem Herzen, und dann wird der Zeitpunkt kommen, für DEINEN Weg mit Herz und Verstand.

„Nicht im Kopf, sondern im Herzen liegt der Anfang."
(Maxim Gorki, 1868-1936)

Entscheidungen treffen ohne Angst

Story „Eine Fehldiagnose ..."

Ich sitze an einer Bushaltestelle. Die Zeilen, die ich immer wieder lese, verschwimmen. Tränen, immer mehr und mehr, kullern mir über die Wangen, während ich die Unterlagen lese, die ich Minuten zuvor unterschreiben musste. Mit einer solchen Diagnose darf auch ich weinen, mitten in Salzburg in der Öffentlichkeit. Ja, das sage ich mir immer wieder, nachdem man mir kurz zuvor eine sehr seltene Hautkrankheit diagnostiziert hatte. Sie ist nur mit einer heftigen Tablettentherapie (Haarausfall inklusive) heilbar, wenn überhaupt.

Ich komme zu Hause an und beginne zu googeln. Schnell ist eine Selbsthilfegruppe auf Facebook gefunden. Was ich da lese und sehe, schockiert mich. Erfahrungsberichte einer jungen Mutter, deren 7-jährige Tochter auch erkrankt ist. Was das für dieses kleine Geschöpf bedeutet, im Schulalltag genauso wie in den Ferien am Strand wie eine Aussätzige behandelt zu werden, das berührt mich zutiefst.

Es berührt mich zu lesen, dass es vielen Erwachsenen nur mehr mit einer destruktiven Art möglich ist, über den Alltag mit dieser Krankheit zu berichten. Lebensmut, Lebenshoffnung, Lebensfreude sind verloren gegangen. Ein beruflicher Alltag ist nicht mehr möglich, und der private Alltag fühlt sich auch einfach nur mehr beschissen an.

In diesem Moment entscheide ich, der dringenden Empfehlung der Ärztin nicht zu folgen und nicht sofort mit der Therapie zu beginnen. Ich werde meinen Urlaub in der nächsten Woche nicht stornieren, sondern die 14 Tage am Roten Meer unter der Sonne Ägyptens voll genießen, unter wie über Wasser.

Das habe ich dann auch gemacht, sehr intensiv sogar. Das war mir möglich, nicht weil ich all das, was ich über diese Krankheit gelesen habe, ignoriert habe. Auch nicht, weil ich all das, was mir noch bevorstehen würde, verdrängt habe oder es einfach nicht wahrhaben wollte. Nein, ich habe die wohl intensivsten 14 Tage meines Lebens genossen, weil ich für jede einzelne Minute am Roten Meer mit meiner großen Leidenschaft, dem Tauchen, dankbar war.

Es ist wohl eine Fähigkeit, die ich besitze, die mir geschenkt wurde, unerschütterlich dankbar sein zu können. Natürlich habe ich im Urlaub auch darüber nachgedacht und mir vergegenwärtigt, was diese Krankheit für mich bedeuten würde. Werde ich die beruflichen Herausforderungen, die nach der Sommerpause anstehen, überhaupt bewältigen können? Ich habe mich gedanklich bereits damit arrangiert, meine Coaching Ausbildung in diesem Jahr nicht mehr beenden zu können. Und ich habe mich auch gedanklich damit beschäftigt und mich entschieden, meinen geplanten Blogstart www.40pluscoach.com wenige Monate später nicht mehr zu realisieren. Ich hätte ihn gestrichen. Aber nicht ersatzlos! Ich hätte einen neuen Blog gestartet, ja das hätte ich gemacht. Um zu zeigen und um vorzuleben, dass es auch mit einer solchen Diagnose immer noch möglich ist, für kleine Dinge des Lebens dankbar zu sein. Ich wäre nicht bereit gewesen, meine Zuversicht aufzugeben. Ich wäre nicht bereit gewesen, nicht mehr an das Gute zu glauben. Und ich wäre auch nicht bereit gewesen, auf meine geliebten Sonnenaufgänge und Sonnenuntergänge zu verzichten oder sie nicht mehr zu genießen. Ich hätte nicht aufgegeben, dieses wunderbare Naturerlebnis als großes Geschenk wahrzunehmen.

Ja, ich hatte mich innerlich schon entschieden, diesen neuen Blogstart zu machen. Genau an dem Tag, an dem ich die erste heftige Tablette eingenommen hätte. Nicht um des Selbstdarstellens wegen. Nein, um zu stärken und zu ermutigen. Ja, das hätte ich gemacht. Wenn mir nicht einen Monat später in einer Privatklinik bestätigt worden wäre, dass es sich um eine Fehldiagnose handelte.

Ich war natürlich sehr dankbar und erleichtert. Ich war aber auch sehr beschämt. Warum gerade mir so ein Geschenk zuteil wurde, wo ich mit meiner mentalen Stärke vielleicht anderen noch hätte helfen können. Zu viele Menschen erreicht die frohe Botschaft einer Fehldiagnose nicht! Nach dem ersten Schock werden Träume bewusst, die man sich doch hätte erfüllen sollen und die nun nicht mehr oder nur mehr ganz schwer erfüllbar sind.

Ein Erlebnis wie dieses beeinflusst jede weitere Entscheidung im Leben auf ganz besondere Weise. Ich wollte nicht mehr, dass mein Traum „nur" mehr ein Traum bleibt. Ich wollte mir meinen Traum vom Leben auf dem afrikanischen Kontinent jetzt erfüllen und ihn nicht mehr auf irgendwann verschieben. Auf eine Zeit, die es dann vielleicht gar nicht mehr gegeben hätte.

Die erste große Entscheidung:
Dein Kommitment

Deine Träume sollen nicht „nur" Träume bleiben. Verschiebe sie nicht auf ein Irgendwann, das es wahrscheinlich gar nicht geben wird. Erfülle dir deine Träume und Wünsche. Wenn du das tust, dann habe keine Angst davor, ein Egoist zu sein.

Traue dir zu, dich nicht als ein Egoist zu fühlen, sondern als jemand, der sein Leben ganz bewusst im Jetzt leben möchte.

Ich lade dich ein. Ja, ich lade dich heute zu einem Kommitment ein. Ein Kommitment mit dir selbst. Wenn du mit deinen Antworten auf die im vorigen Kapitel gestellten Fragen nicht zufrieden bist, wird es jetzt Zeit dafür.

Denke noch einmal an Situationen in deinem beruflichen wie privaten Alltag. Schließe deine Augen und beantworte die Frage ganz ehrlich – für dich und dein Herz:

> *Willst du in deiner zweiten Lebenshälfte wirklich so weiterleben wie bisher?*

- Willst du weiter einer Arbeit nachgehen, in der du nicht all deine Begabungen ausleben kannst, die in dir stecken und von denen du vielleicht noch gar nicht weißt, dass du sie besitzt?

- Willst du warten, bis dein Körper immer öfter mit den unterschiedlichsten Krankheiten, die bald schon keine kleinen Wehwehchen mehr sein werden, nach Hilfe ruft, weil er schon längst fühlt und verlangt, was dein Herz sich wünscht? Wie stark müssen die Schmerzen werden, bis endlich auch dein Verstand die Hilferufe hört?

- Willst du weiter jemand sein, der abends einfach nur noch erschöpft ins Bett fällt, der froh ist, das Licht endlich auszuschalten, um in den Schlaf flüchten zu können und darauf zu hoffen, dass der Wecker für den nächsten Tag so spät wie möglich klingelt, weil du auch am nächsten Tag wieder erschöpft und mit wenig positiven Gedanken einschlafen wirst?

Wenn du zu jenen Menschen gehörst, die von Montag bis Freitag nur auf das Wochenende warten, und wenn du auch zu jenen Menschen gehört, die all ihre Hoffnung auf eine schöne Zeit im nächsten Urlaub setzen, ja, dann bist du längst reif, ein Kommitment mit dir zu treffen.

Vielleicht bist du jetzt überrascht, aber du hast die Wahl. Es gibt zwei Arten eines Kommitments. Lies sie dir laut und langsam vor:

Kommitment 1:

Ich, (setze hier an dieser Stelle deinen Namen ein), treffe heute (setze hier das heutige Datum ein) die Entscheidung, mein Leben ab sofort so zu verändern, dass ich schon bald ein selbstbestimmtes Leben führen werde. Ein Leben, in dem ich das, was mich ausmacht, voll und ganz lebe.

Kommitment 2:

Ich, (setze hier an dieser Stelle deinen Namen ein), treffe heute (setze hier das heutige Datum ein) die Entscheidung, mein Leben ganz bewusst nicht verändern zu wollen. Ich lebe so weiter wie bisher, unabhängig davon, ob mein Körper darunter mehr und mehr leidet oder nicht.

Wenn du dich für das zweite Kommitment entscheidest, dann hoffe ich, dass du die nächsten Kapitel trotzdem noch liest. Ich gebe die Hoffnung nicht auf, dass der Moment auch für dich kommt, wo du auf diese Seite zurückblättern wirst, um dich doch noch für das erste Kommitment zu entscheiden.

Ich will dir nichts vorgaukeln. Wenn du deine zweite Lebenshälfte erfüllt leben möchtest, wenn du deine Träume nicht nur träumen, sondern auch verwirklichen möchtest, braucht es deine Entscheidung für das erste Kommitment.

TIPP

Gib dir einen Tag Zeit für die Entscheidung und halte dann deine Entscheidung schriftlich fest.

Dein Leben kann entweder weiter so verlaufen wie bisher oder du willst, dass auch für dich scheinbar Unmögliches möglich wird.

Ich würde das nicht mit so einer Überzeugung schreiben, wenn ich es nicht selbst erlebt hätte! Und ich bin nicht die einzige! Ich würde es nicht mit einer solchen Überzeugung schreiben, wenn ich mir nicht, genauso wie du vielleicht, viel zu wenig Gedanken über mein Leben, über all das, was noch möglich ist, gemacht hätte. Und bitte mache eines, egal für welches der beiden Kommitments du dich entscheidest:

Schreibe es auf!

Wenn du dich für das erste Kommitment entscheidest, wird es dein Leben verändern, weil du es aus tiefstem Herzen verändern willst. Dein Leben wird sich verändern, weil du daran glauben willst und wirst. Dein Leben wird sich verändern, weil du jetzt schon erahnen kannst, dass sich dein Herz und dein Verstand die Hand reichen werden.

Beide werden dir deinen „Schatz", den du in dir trägst, zeigen. Doch nun schließe dieses Buch und triff deine erste große Entscheidung, morgen oder vielleicht schon heute.

Aber verschiebe sie nicht auf ein „Irgendwann im nächsten Leben …".

Dein Diamant – dein großer Schatz

Es freut mich, dass du Interesse an deinem großen Schatz hast und bereit bist, weiter in meinem Buch zu lesen!

Bereit für einen Neuanfang zu sein, ist keine unüberlegte Handlung, die du schon bald wieder bereuen sollst. Bereit für einen Neuanfang zu sein, ist auch keine Flucht, weil du nach privaten oder beruflichen Enttäuschungen einfach nur weg möchtest.

Vielleicht denkst du dir, was kannst du jetzt noch nach vielen Enttäuschungen verlieren, wenn du dich wie ein angeschossenes Reh am Boden liegen siehst und jeder Körperteil nur schmerzt. Doch es geht nicht darum, noch mehr zu verlieren, sondern etwas zu finden!

Was ist das Größte, das du finden kannst?

Der größte Schatz, den du finden kannst, bist du selbst!

Der Weg in eine erfüllte zweite Lebenshälfte ist keine Flucht. Auf diesem Weg begegnen dir deine Glaubenssätze, du entdeckst neue oder „alte" Werte, die du immer schon leben wolltest oder jetzt richtig bewusst zu leben beginnst. Du erkennst, was dir wirklich wichtig ist. Du beginnst, dein Leben genuss- und lustvoll zu leben. Du vertraust auf deine Fähigkeiten. Du fühlst dich auch mit deinen Schwächen stark.

Angenommen, du willst deine Träume verwirklichen, dann ist es wichtig zu wissen, was du dafür brauchst.

Ich habe meinen großen Traum vom Leben auf dem afrikanischen Kontinent zu meinem Ziel gemacht. Ein Ziel, das jahrelang, weil scheinbar unerreichbar und nie klar formuliert, viel zu weit weg für mich war. Doch mit Hilfe meines Diamanten ist es mir gelungen, mir meinen großen Traum bereits nach eineinhalb Jahren zu erfüllen.

Dein Traum wird zum Ziel

Als ich 12 Jahre lang im Marketing und Vertrieb tätig war, war es selbstverständlich, immer mit Zielen zu arbeiten, die „smart" formuliert wurden. Diese „Zielformel" kann man leicht auf persönliche Ziele übertragen und es macht auch Sinn.

Formuliere deinen Traum in einem Ziel. Schreibe dir auf, was du mit deinem Neuanfang und deinem Kommitment erreichen möchtest. Orientiere dich dabei an den folgenden Kriterien:

S Spezifisch: Formuliere dein Ziel eindeutig, also so präzise wie möglich.

M Messbar: Dein Ziel muss messbar sein.

A Erreichbar: Dein Ziel soll von dir nicht nur erreicht, sondern auch akzeptiert werden (aus dem Englischen: achievable und accepted).

R Realistisch: Formuliere dein Ziel realistisch und für dich möglich (auch wenn jetzt noch scheinbar unmöglich ist).

T Terminiert: Fixiere ein genaues Datum, bis wann du dein Ziel erreicht haben wirst.

TIPP

Nimm dir ein Blatt Papier und schreibe dir nun dein Ziel, deinen großen Traum, also genau das auf, was du mit deinem Neuanfang erreichen möchtest. Formuliere es so gut wie möglich und vor allem so, dass es sich für dich „richtig" gut anfühlt, wenn du dir dein Ziel selbst laut vorliest.

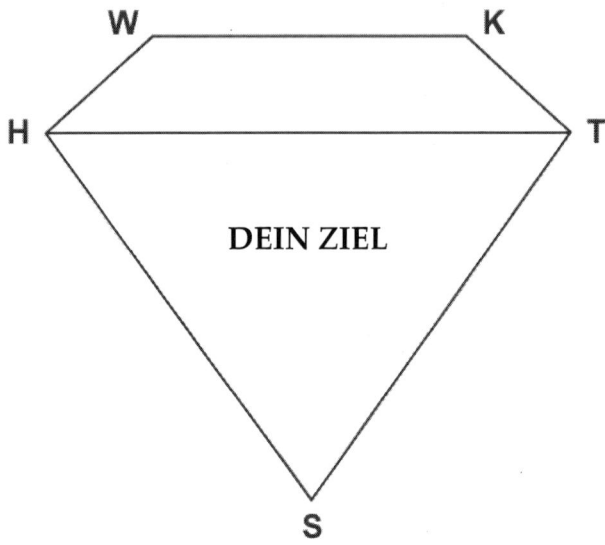

Dein Diamant nimmt dir deine Angst

Du hast nicht zu wenig Mut, solltest du jetzt noch etwas Angst haben. Ich gehe davon aus, dass du nicht vor deinen Träumen, deinen Wünschen, deinem Neuanfang an sich noch Angst hast. Du wirst vermutlich jetzt noch etwas Angst haben, es nicht zu schaffen. So wie ich damals.

Was uns die Angst nimmt, ist unser Glaube und das Wissen, was wir noch alles benötigen, um unser Ziel zu erreichen.

Du hast dich bestimmt schon gefragt, was die fünf Buchstaben W-K-T-H-S bedeuten. Dazu kommen wir nun.

„S" steht für „Sein"

Wie wird es sein, wenn du dir deinen Traum, deinen Wunsch, dein Ziel erfüllt hast? Wie wirst du dich dabei fühlen? Beschreibe diesen wunderbaren Zustand schon jetzt ganz genau. Genieße diesen Moment, wenn du deine Augen dabei schließt. Nimm dir dafür etwas Zeit und dann schreibe all das Schöne auf, das du dabei empfunden hast, direkt neben oder unter dem „S".

„H" steht für „Haben"

Es sind all jene Dinge, die du erreicht haben wirst, wenn du dir deinen Traum erfüllt und dein Ziel erreicht hast. Schreibe alles unter bzw. neben das H. Was wünschst du dir zu haben, wenn du dir deinen großen Traum, deinen Wunsch erfüllt und dein Ziel erreicht haben wirst? Dabei geht es natürlich nicht nur um materielle Dinge.

„T" steht für „Tun"

Es steht für all das, was du tun wirst, wenn du erreicht hast, was du dir erträumst und zum Ziel gesetzt hast. Was möchtest du dann alles tun können? Notiere unter oder neben dem „T" die Dinge, die du tun möchtest, wenn du dir deinen Traum erfüllt, dein Ziel erreicht haben wirst.

„W" ist dein Wissen und „K" dein Können

Damit du tun und haben kannst, was du dir erträumst, damit du so sein kannst, wie du es dir wünschst, braucht es das Wissen, das dir jetzt noch dazu fehlt. Sei dir auch bewusst, welches Wissen, das du bereits hast, dir beim Erreichen deines Zieles von Vorteil sein wird.

Was brauchst du noch an Fähigkeiten und welche Fähigkeiten besitzt du bereits, damit du erreichen kannst, was du dir erträumt und zum Ziel gesetzt hast?

Schreibe dein (dir bewusstes und noch fehlendes) Wissen zum „W". Schreibe deine dir bekannten Fähigkeiten und das, was du dir noch aneignen möchtest, zum „K" dazu.

Es gibt kaum etwas Spannenderes, als mit unseren Träumen und gesteckten Zielen weiter zu wachsen und Neues dazu lernen zu können und zu dürfen.

Warum dir dein Diamant die Angst nehmen kann

Eine ganz wichtige Annahme im NLP (Neurolinguistisches Programmieren) und daher auch als NLP Coach für mich, für meine Klienten und für jeden Menschen ist:

> *Wir haben alle Ressourcen,*
> *die wir brauchen*
> *oder können sie uns verschaffen.*

Diese Annahme bzw. der Glaube daran ist es, was uns die Angst nehmen kann. Der Glaube und das Vertrauen darauf war es, was auch mir meine Ängste genommen hat und auch heute noch nimmt, wenn ich wieder einmal etwas zu tun plane, was ich davor noch nie getan habe.

Bevor am Ende dieses Kapitels eine letzte wunderschöne Aufgabe folgt, ist noch eine Frage wichtig:

Welche Konsequenzen wird es haben, wenn du mit der Planung und Umsetzung deines Ziels beginnen wirst?

- Wenn du deinen Traum nicht mehr nur träumen möchtest, sondern auch leben, welche Konsequenz hat das für die Menschen in deinem privaten und beruflichen Umfeld?

- Wird es dir und jenen Menschen, die es auch betrifft, gut damit gehen?

- Werde dir bewusst, was oder wer dein Ziel eventuell behindern könnte.

- Bist du bereit, dieses Hindernis zu überwinden?

- Was wirst du dazu brauchen?

Diese Fragen sind jetzt wichtig und werden in anderer Form in einem anderen Kapitel noch einmal thematisiert. Wenn du darauf Antworten findest, mit denen dein Herz UND dein Verstand einverstanden sind, ist es möglich, dass du weder bei der Planung noch bei der Umsetzung zweifelst, das Richtige zu tun.

Es macht große Freude, deinen Traum ohne den geringsten Zweifel zu verwirklichen. Ich weiß, wie schön diese Freude sein kann und mit welcher Gelassenheit man Träume verwirklichen kann. Das wünsche ich auch dir.

Dein Diamant und deine Zukunft

All das, was du in diesem Buch liest und was ich weitergebe, habe ich selbst gelernt und erlebt. Und das, was ich dir nun am Ende dieses großen Kapitels deiner Entscheidungen mit der Bitte, es wirklich zu tun, ans Herz lege, ist etwas, was viele Menschen schon vor mir getan haben:

TIPP

Schreibe dir genau auf, was du heute in zehn Jahren tust, wenn du dir bereits deinen Traum erfüllt haben wirst.

Auf meinem Laptop gibt es ein Dokument, das mit dem Dateinamen „2027" abgespeichert ist. In der Überschrift steht: Samstag, 30. Januar 2027, El Gouna, Ägypten.

Den zweiseitigen langen Text lese ich mir seit damals jede Woche einmal durch. In diesen zwei Seiten beschreibe ich vom Läuten des Weckers bis zum Schlafengehen meinen Tag, den ich am vorletzten Januartag 2027 leben werde.

Ich beschreibe, wo und wie ich lebe, mit wem ich lebe, was ich an dem Tag alles tue und welche Menschen ich treffe. Ich beschreibe, welche Pläne mich gerade beschäftigen. An diesem Tag schreibe ich an meinem zweiten Buch bzw. überarbeite bereits das Endmanuskript dazu. Und einiges mehr steht auf diesen beiden Seiten …

Weißt du, was allen Menschen, die die Magie des Diamanten und die Magie des Blicks in die Zukunft erkannt haben, passiert? Ahnst du es schon? Sie erreichen diesen einen Tag nicht erst in zehn Jahren, sondern bereits früher. Vielleicht nicht in allen Details, doch in einigen ganz bestimmt.

Die Arbeit an meinem zweiten Buch beginnt schon sehr viel früher, weil ich daran geglaubt habe und den Fokus auf meine Zukunft, so wie ich sie beschrieb, gelegt habe und immer noch lege.

Auch wenn du am Anfang die Strahlkraft deines Diamanten noch nicht so intensiv zu spüren glaubst, so wird sie mit jedem weiteren Kapitel in diesem Buch größer und intensiver werden.

Wenn du es willst und daran glaubst!

Entscheide dich, es zu wollen und daran zu glauben.

„Wenn es einen Glauben gibt, der Berge versetzen kann,
so ist es der Glaube an die eigene Kraft."
(Marie Freifrau von Ebner-Eschenbach, 1830-1916)

Unsere Werte bestimmen unser Leben

Story „Nicht um jeden Preis ein Sonnenaufgang ..."

Ein neuer Morgen. Ein neuer Tag mit so vielen Möglichkeiten, verbunden mit dem Gefühl großer Dankbarkeit. Ich sitze wieder einmal ganz alleine am Strand. Ich bin vor Sonnenaufgang aufgestanden, um es nicht zu versäumen: DAS „Naturschauspiel", das mir so viel Kraft gibt.

Gespannt warte ich, bis ich die ersten Konturen der glühend roten Sonne erkennen kann. Der Wind streicht wieder einmal sanft über die Oberfläche des Roten Meeres. Er fühlt sich angenehm auf der Haut an, gerade jetzt im Sommer. Mein Haar, das ich in der Frühe auch im Sommer gerne offen trage, flattert etwas im Wind.

Ich bin frei und unabhängig, ich vertraue und genieße, ich liebe und fühle ehrlich, und ich bin so dankbar, gesund zu sein. Das ist es, was ich empfinde und fühle, wenn ich morgens am Roten Meer alleine sitze und auf sie warte. Es dauert genau drei Minuten, bis die glühend rote Sonne am Horizont in ihrer ganzen Pracht sichtbar ist. In diesen drei Minuten färbt sich das Rote Meer orangerot. Von Minute zu Minute spüre ich auf meiner Haut die für mich so angenehme, wärmer werdende Wärme, die mir bereits in der Früh so viel Dankbarkeit und auch Glück schenkt.

Die Sonnenaufgänge hier am Roten Meer sind etwas ganz Besonderes. „Meine" Sonnenuntergänge, die ich vom Balkon meiner Wohnung in Anif oft auch noch nach einem 12-Stunden-Arbeitstag genossen habe, waren es ebenso. Ich wusste genau, wenn ich „meine" Sonnenuntergänge in Anif aufgebe, dann nur, wenn ich auch täglich die wunderschönen Sonnenaufgänge am Roten Meer genießen kann.

Als ich bereit war, mir endlich meinen großen Traum vom Leben auf dem afrikanischen Kontinent hier am Roten Meer zu erfüllen, wollte ich es unbedingt, aber nicht um jeden Preis! Ich habe es getan und war bereit dazu, aber nur unter der Voraussetzung, dass ich auch hier am Roten Meer alle meine mir wichtigen Werte leben kann. Und das tue ich. Selbst für die wunderbarsten Sonnenaufgänge würde ich mich hier nicht verbiegen wollen. Ich bin und bleibe mir auch hier treu.

„Wie geht es dir dann hier eigentlich mit Vertrauen und Ehrlichkeit?", wurde ich einmal gefragt. Werte, die einen unglaublich hohen Stellenwert für mich haben. Ganz ehrlich? Nicht immer gleich gut. Die Auswahl der Menschen, die mich vor allem im Privatleben umgeben, ist nicht erst hier eine sehr selektive. Nicht, weil ich so misstrauisch bin. Im Gegenteil, weil ich bereit bin, sehr zu vertrauen, und weil ich meine wertvolle Zeit nicht jedem schenke.

„Du bist der Durchschnitt der fünf Menschen, mit denen du die meiste Zeit verbringst!" Ich mag diesen oft zitierten Satz nicht wirklich, dennoch hat er einen wahren Kern.

Ich umgebe mich auch hier nicht um jeden Preis mit Menschen, nur weil es mir vielleicht Vorteile verschaffen würde. Ich kann „Nein" sagen, weil ich meine Werte sehr gut kenne und schätze. Und das wünsche ich auch dir.

Eine wert-volle Überraschung

Wer bin ich? Was macht mich aus? Was kann ich? Was sind meine Stärken, was sind meine Schwächen?

Dieses Wissen war es, warum sich meine Entscheidung, mir meinen Traum vom Leben auf dem afrikanischen Kontinent zu erfüllen, zu jedem Zeitpunkt richtig und gut angefühlt hat. Weder bei der Planung noch bei der Umsetzung hat es für mich den geringsten Zweifel gegeben, dass die größte Entscheidung meines Lebens richtig ist.

Doch wie bin ich zu diesem Wissen gekommen und wie kannst auch du dich schnell und effizient (noch) besser kennenlernen? Eine Frage, die wir uns selber stellen sollen und müssen, wenn wir uns wirklich selbst noch besser kennenlernen möchten, ist:

Was sind meine Werte?
Was ist mir im Leben wirklich wichtig?

Ohne dieses Wissen zu leben, kann ich mir heute kaum mehr vorstellen. Doch ich selbst habe mir diese Fragen auch erst mit Anfang 40 gestellt. Bis dahin habe ich, wie die meisten Menschen auch, ohne dieses Wissen gar nicht schlecht gelebt. Doch zwischen „nicht schlecht leben" und „traumhaft leben" ist ein großer Unterschied. Ein entscheidender Unterschied liegt in diesem Wissen.

Die sieben wichtigsten Werte

Als erfolgreiche Vertriebsleiterin in einem erfolgreichen Unternehmen hat es mich selbst überrascht, dass Erfolg nicht zu meinen sieben wichtigsten Werten gehört. Auch nicht Geld und auch nicht finanzielle Freiheit. Klar, diese Werte waren auf meiner Liste der für mich 28 wichtigen Werte. Als ich von den 28 immer zwei gegenübergestellt habe und den unwichtigeren der jeweils beiden durchgestrichen habe, waren diese Werte auch noch bei den 14 für mich wichtigsten Werten dabei. Sie haben es aber nicht geschafft, zu meinen sieben wichtigsten Werten zu zählen. Da waren mir Vertrauen, Ehrlichkeit, Gesundheit, Genuss, Freiraum und Unabhängigkeit wesentlich wichtiger.

Warum war diese Erkenntnis für meine Entscheidung, meinen großen Traum vom Leben hier am Roten Meer zu verwirklichen, so wertvoll? Weil ich gewusst habe, dass ich mich nicht über mein erfolgreiches Dasein als Vertriebsleiterin definiere. Auch nicht über meinen monatlich schön anzusehenden Kontostand, weil ich einen tollen Job habe. Nein, das ist und war es nicht, was mir wichtig ist. Das war eine wertvolle Erkenntnis, und ich konnte mit dieser Erkenntnis meinen tollen Job loslassen.

Mein allerwichtigster Wert ist die Liebe. Das war am Anfang als Singlefrau ein durchaus frustrierender Moment der Erkenntnis. Doch ich habe mich dann intensiver damit beschäftigt, weil ich mich zu mir selbst erschrocken sprechen hörte: „Oh Gott, jetzt ist Liebe der wichtigste Wert und ich habe keinen Partner!" Schnell konnte ich aber erkennen, dass mein Wert Liebe nicht „nur" die Liebe zu einem Partner meint, sondern um so vieles größer ist. Diese überraschende Erkenntnis war so wertvoll!

Wenn ich regelmäßig, auch nachdem ich über ein Jahr hier lebe, in aller Frühe am Roten Meer sitze und die Sonnenaufgänge genieße, diese fotografiere und in sozialen Medien teile, dann ist das meine Liebeserklärung an das Leben. Mir wurde auch schnell klar, dass meine Liebe die Menschen an sich umfasst. Ich reduziere sie nicht auf einen Partner, auf Familienmitglieder und (auch nicht zu vergessen) auf die Selbstliebe.

Meine Arbeit als Führungskraft, als Vertriebsleiterin des großen Österreichischen Bildungsverlages hat mir auch deshalb so viel Freude bereitet, weil mir die Mitarbeiterführung eine große Herzensangelegenheit war. Meine Mitarbeiter damals zu stärken, das war auch meine Liebeserklärung an sie: ihnen den Rücken zu stärken, für sie da zu sein und mich für sie einzusetzen.

Wenn ich hier in Ägypten einen Teil meiner Zeit als Lehrerin tätig bin, dann ist meine Liebeserklärung an meine kleinen „Mäuse" (wie ich meine Schüler gerne liebevoll nenne), ihnen das Schreiben, Lesen und Rechnen so gut und mit so viel Freude wie möglich beizubringen.

Dazu gehört für mich auch, dass wir gemeinsam lachen, dass wir gemeinsam Spaß dabei haben.

Wenn ich meine Leserinnen auf meinem Blog, auf meiner 40pluscoach Facebookseite und in meinem Buch jetzt auffordere, mutig zu sein, an sich selbst zu glauben, dann ist das auch meine Liebeserklärung an sie – und auch an dich, weil du mein Buch gerade liest.

Mache auch du dir Gedanken, was die sieben wichtigsten Werte für dich sind.

Es dauert nicht lange, das festzustellen. Denke darüber nach und reflektiere es auch. Dieses Wissen bedeutet so viel für die Entscheidung, dir einen großen Traum zu erfüllen und diesen auch zu verwirklichen oder „nur" einfach da zu sein und das Leben (noch mehr) genießen zu können.

TIPP

Wie kannst auch du deine sieben wichtigsten Werte herausfinden?

Schreibe dir 28 für dich wichtige Werte auf einen Zettel. Dann stelle zwei davon immer gegenüber und streiche den für dich unwichtigeren weg. Dann hast du nur mehr 14 und mit diesen 14 machst du das gleiche: stelle immer zwei Werte gegenüber und streiche den unwichtigeren der beiden weg – so hast du auf einfache und effektive Weise deine sieben wichtigsten Werte gefunden. Beim Wegstreichen denke nicht zu viel nach. Entscheide rasch und aus dem Bauch heraus und du wirst deine für dich wichtigen Werte finden.

Hier nun eine Auswahl an Werten, damit du gleich beginnen kannst: Harmonie, Freiheit, Verantwortung, Glück, Lust, Herzlichkeit, Achtsamkeit, Mitgefühl, Sinn, · Humor, Leichtigkeit, Lebensfreude, Selbstbestimmung, Ruhe, Gelassenheit, Leidenschaft, Offenheit, Loyalität, Natürlichkeit, Sicherheit, Spiritualität, Gesundheit, Austausch, Großzügigkeit, Nachhaltigkeit, Begeisterung, Frieden, Toleranz, Tradition, Veränderung, Kompetenz, Genuss, Kommunikation, Verbindlichkeit, Zuverlässigkeit, Ordnung, Pünktlichkeit, Kreativität, Schönheit, Vitalität, Erfolg, Demut, Dankbarkeit, Tiefe, Entwicklung, Geborgenheit, Akzeptanz, Toleranz, Kraft, Zärtlichkeit, Sinnlichkeit, Lebenslust, Ästhetik, Vielfalt, Sportlichkeit, Charisma, Häuslichkeit, Engagement, Liebe, Weisheit, Rücksicht, Abenteuer, Lust, Flexibilität, Spaß, Klarheit, Großzügigkeit, Hilfsbereitschaft, Präzision, Besonnenheit, Glaubwürdigkeit, Beharrlichkeit, Ausdauer, Durchhaltevermögen, Heimat, Natur.

Die Kunst, zu leben, was wichtig und wertvoll ist

Das Wissen über die eigenen sieben wichtigsten Werte ist vor allem in Bezug auf eine Frage ganz spannend:

Können wir unsere Werte
in all unseren Lebensbereichen leben?

Wer den Weg zu einer erfüllten zweiten Lebenshälfte gehen möchte, kann das Beantworten dieser Frage nicht ignorieren. Es ist einfach, die Antwort zu finden.

TIPP

Du brauchst nur ein weißes Blatt Papier, in der Mitte zeichnest du einen großen Kreis.

Du teilst diesen Kreis in „Tortenstücke" und jedes Stück steht für einen wichtigen Bereich in deinem Leben, wie z. B. Familie, Beruf, Partnerschaft, Hobbies, Freizeit, …

Also jene Bereiche bzw. Tätigkeiten, die in deinem Leben viel Lebenszeit in Anspruch nehmen. Wie groß du jedes einzelne „Stück" machst, hängt davon ob, wie viel Bedeutung dieser Bereich in deinem Leben hat. Bei manchen Menschen wird der Bereich Familie sehr groß sein, bei manchen der Bereich Beruf und bei anderen wiederum wird der Bereich Freunde ein sehr großer sein.

Im zweiten Schritt zeichnest du in jedem einzelnen Bereich ein, welche deiner Werte du wenig bis sehr gut darin ausleben kannst. Je besser du diesen Wert in einem Bereich lebst, desto näher wird diese Linie am äußeren Rand deines Lebensrades sein.

Je mehr du deine Werte in all deinen Lebensbereichen leben kannst, desto runder wird dein Lebensrad nicht nur aussehen, sondern sich auch anfühlen. Je runder es „läuft", desto besser geht es uns und desto mehr können wir das Leben genießen.

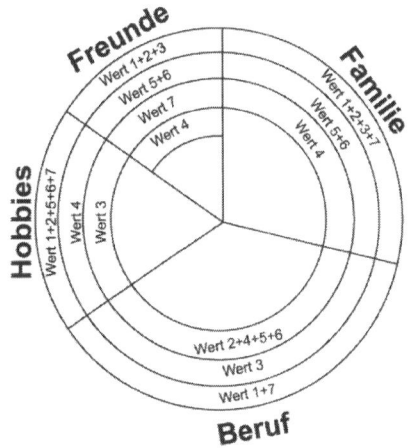

Wert 1: Liebe
Wert 2: Vertrauen
Wert 3: Ehrlichkeit
Wert 4: Erfolg
Wert 5: Unabhängigkeit
Wert 6: Freiraum
Wert 7: Gesundheit

Als ich diese Übung vor langer Zeit gemacht habe, war ich überrascht. In manchen Lebensbereichen konnte ich alle meine mir wichtigen Werte ausleben. Vor allem im Beruf konnte ich alle meine Werte voll ausleben. Das war auch der Grund, warum mir mein Beruf so viel Freude bereitet hat. Dieses Wissen macht zufrieden, und das Bewusstsein darüber macht dann auch unglaublich dankbar.

Traum und Werte gehören zusammen

Als ich mich entschieden haben, mir meinen großen Traum vom Leben auf dem afrikanischen Kontinent zu erfüllen, war für mich ganz wichtig: Ich tue es nicht um jeden Preis! Nicht um den Preis, meine wichtigsten Werte hier nicht mehr leben zu können. Ich brauchte hier anfangs eine Tätigkeit, genauso wie in Österreich, in der ich meine sieben Werte voll ausleben kann. Ich habe mich an der Deutschen Schule Hurghada beworben, weil ich wusste, hier kann ich sie wieder leben. So wurde der Einstieg in mein neues Leben mit einem für mich guten sozialen Umfeld gut möglich.

Ich habe damals wohl die beste Bewerbung meines Lebens geschrieben. Ich hatte noch nie in meinem Leben davor unterrichtet, hatte das Alter 40plus5 bereits erreicht und meine Ausbildung zur Grundschullehrerin war mehr als 20 Jahre her. Und ich habe den Job bekommen, bestimmt auch, weil ich klar zum Ausdruck gebracht habe, was mir wichtig ist und wofür ich (ein)stehe.

Mache auch du diese kleine, aber so wichtige Übung, die sehr spannend ist. Wenn es einen Lebensbereich gibt, in dem du nicht all deine Werte bereits leben kannst (das war bei mir ja durchaus auch der Fall), dann ist das keine Tragik. Aber nimm es nicht nur einfach hin, sondern frage dich: Was brauche ich, damit ich auch diesen Wert in diesem Bereich voll leben kann? Zu welcher Veränderung bin ich dafür bereit?

Wenn wir das tun, was uns ausmacht, was uns wichtig ist und wertvoll macht, wenn unser Lebensrad wirklich rund ist, es keine großen Ecken gibt, an denen wir uns ständig blaue Flecken holen, dann leben wir ein erfülltes Leben. So ein Leben wünsche ich auch dir!

Die Kraft deiner sieben wichtigsten Werte

Unsere sieben wichtigsten Werte leben zu können bedeutet, wir fühlen und sind ganz in unserer Mitte. Wir verbrauchen und missbrauchen unsere Energie nicht, um Ungleichgewichte auszuloten. Wir können unsere Energie ganz und sehr bewusst für die Planung und Umsetzung unserer Träume und Ziele einsetzen. So gelingt auch mit Schwung ein erfolgreicher Neuanfang, in dem wir unser volles Potential zu entfalten beginnen.

Lebensqualität

Die Kraft deiner Werte wirkt sich enorm auf deine Lebensqualität aus. Dein Wissen, was dich ausmacht und was dir wichtig ist, gibt dir ein tiefes Vertrauen in dein Leben. Seit ich mich entschieden haben, mir meinen großen Traum vom Leben auf dem afrikanischen Kontinent zu erfüllen, gab es bis heute keine Situation, in der ich das Gefühl hatte, etwas nicht zu schaffen. Ich habe von Anfang an gewusst, ich finde hier meinen Platz und werde ihn, mit der Fülle, die mir das Leben bietet, einnehmen.

Menschen

Die Kraft deiner Werte, die du voll lebst, wirkt sich auch auf deine Begegnungen mit anderen Menschen aus. Du weißt, wer du bist, das macht es dir leichter, mit anderen und andersdenkenden Menschen so umzugehen, dass du in deiner Mitte bleiben kannst, wie immer sie dir auch begegnen mögen. Es ist eine neue Leichtigkeit, mit der du auch im Berufsalltag Kollegen, Mitarbeitern und Vorgesetzen begegnest. Du kannst dir selbst treu bleiben, denn du weißt, wie viel und was dir deine Werte bedeuten.

Stärke

Die Kraft deiner Werte, die du voll lebst, wirkt sich auch auf deine mentale Stärke aus. Du kennst deine Ziele und bleibst fokussiert. Du hast in jedem Moment deine Träume und Wünsche im Blick, und das wirkt sich aus. Du strahlst ruhig aus deinem Inneren heraus, wirkst vertrauenswürdig und kompetent. Ja, deine persönliche Stärke und Willenskraft ist spürbar und sichtbar.

Selbstliebe

Die Kraft deiner Werte, die du voll lebst, wirkt sich auch auf deine Liebe zu dir selbst und anderen aus. Du gehst viel liebevoller mit dir selbst um. Deine Herzenswärme ist spürbar bei allem, was du tust. Du weißt, was dir gut tut, gönnst das Guttun auch anderen und richtest dein Handeln und Tun danach aus.

Sichtbarkeit

Die Kraft deiner Werte, die du voll lebst, ermöglicht es dir, deine dir eigene Ausdrucksform zu finden. Du brauchst das, was dir gut tut, all das Positive, das du empfindest, nicht mehr für dich zu behalten. Du kannst dein Wissen und deine Sichtweisen anderen mitteilen und sie davon profitieren lassen. Du bist mehr denn je für andere sichtbar und erkennst deine Chancen darin.

Vision

Die Kraft deiner Werte, die du voll lebst, ermöglicht es dir, deine Wünsche und Träume zu erfüllen. Du erkennst deine Chancen und entwickelst deine Vision. Eine Vision, die Dank deiner neuen Kraft keine Utopie ist, sondern Wirklichkeit werden kann. Du lässt dich nicht von Menschen ohne Visionen ablenken und aufhalten, sondern gehst konsequent deine nächsten Schritte.

Bestimmung

Die Kraft deiner Werte, ohne die du dir ein Leben gar nicht mehr vorstellen kannst, lässt dich deine Wahrheit erkennen. Die Sehnsucht, deine Bestimmung leben zu wollen, erwacht, du beginnst richtig aufzublühen. Du hast dein Warum erkannt und wozu du in dieser Welt bist. Durch dein Wirken beginnst du, positiv zu verändern.

Der Wert deines Diamanten steigt und steigt

Dein Wissen, was dich ausmacht, wofür du stehst und lebst, stärkt dich. Es gibt dir Selbstvertrauen und Selbstbewusstsein. Das brauchst du und ist wichtig, wenn du Entscheidungen triffst und wenn diese Entscheidungen sich gut und richtig anfühlen sollen. Dann wird es auch keine Zweifel geben. Denn warum sollst du zweifeln, wenn du weißt, was du brauchst und was dir wichtig ist.

Und noch eines passiert: Dieses Wissen gibt dir Mut. Mutig und kraftvoll kannst du dich einsetzen, wenn etwas fehlt. Du weißt, hier möchtest du eine Veränderung haben, weil sie dir gut tut und weil du dann deine sieben wichtigsten Werte leben kannst.

Dieses Wissen ermöglicht es dir, zu fühlen:

Ich kann, was ich will!

Scheinbar Unmögliches kann möglich werden.

Dein Traum ist nicht nur mehr „nur" ein Traum, sondern du kannst ihn leben.

Dein Diamant hat einen unschätzbaren Wert bekommen!

*„Der Höhepunkt des Glücks ist es,
wenn der Mensch bereit ist,
das zu sein, was er ist."*
(Erasmus von Rotterdam, 1466-1536)

Du bekommst das, woran du glaubst

Story „Die Bewerbung meines Lebens …"

Es ist Ende April 2017. Seit einem Monat steht für mich innerlich fest, dass ich mir meinen großen Traum vom Leben auf dem afrikanischen Kontinent erfüllen möchte. Ja, mein Herz und mein Verstand sind endlich mit 40plus5 bereit dazu. Doch ich bin keine „20" mehr, um einfach einen Rucksack zu packen und mich auf eine ungeplante Reise zu begeben.

Ich bin gerade etwas verzweifelt. Die erste Möglichkeit einer Arbeit in Ägypten ist wie eine Seifenblase zerplatzt. Nun aufgeben? Nein! Ich spüre ganz genau in mir, dass ich einen Weg finden werde, um am Roten Meer auf „meinem" Kontinent leben zu können.

Am 30. April, dem Geburtstag meines Bruders, sitze ich wieder vor dem Laptop und tippe mittlerweile fast schon verzweifelt Wörter in die Google-Suchmaschine, auf der Suche nach einem Job. Plötzlich tippen meine Finger nur zwei Wörter ein: Deutsch und Hurghada.

Bereits auf der ersten Seite erscheint der Link zur Deutschen Schule in Hurghada. Ich verliere mich auf dieser Seite und sehe mir alle Unterseiten genau an. Ganz zum

Schluss wage ich den Blick auf „Jobs", ganz unten auf der Homepage.

Es ist über 20 Jahre her, dass ich meine Ausbildung zur Grundschullehrerin mit Auszeichnung abgeschlossen habe. Obwohl ich noch nie in meinem Leben eine eigenen Klasse unterrichtet habe, hoffe ich so sehr, hier eine Stelle zu finden.

Doch es werden anscheinend nur Lehrer für die Sekundarstufe gebraucht. Ich lasse mir meine Enttäuschung nicht anmerken und sage zu mir: So, da schreibst du jetzt trotzdem sofort eine Initiativbewerbung hin!

Ich spreche weiter laut zu mir: Ich weiß, es ist verrückt, eine Bewerbung für einen Job mit 40plus5 zu schreiben, in dem ich noch nie tätig war. Doch das ist jetzt meine Chance, um mir meinen großen Traum zu erfüllen!

Und so schreibe ich die folgenden Zeilen:

Sehr geehrte Damen und Herren,

mein Name ist Sabine Stollberger. Ich bin im Zuge meiner Suche nach einer meinen Fähigkeiten entsprechenden Arbeit in Hurghada (aufgrund des geplanten langfristigen Wechsels meines Wohnortes von Salzburg nach Hurghada noch in diesem Jahr) auf die Webseite Ihrer Schule gestoßen und möchte anfragen, ob Sie Bedarf haben, eine Grundschullehrerin in den nächsten Monaten und für einen unbefristeten Zeitraum in Ihr Team aufzunehmen.

Ich bin ausgebildete österreichische Grundschullehrerin, arbeite seit nun fast 12 Jahren in einem großen österreichischen Bil-

dungsverlag und bin für den Vertrieb der Schulbücher, Lern-
hilfen, etc. verantwortlich. Neben dieser beruflichen Haupttä-
tigkeit bin ich auch nebenberuflich als NLP-Coach tätig und
betreibe einen Blog, der sich den Themen einer erfüllten zweiten
Lebenshälfte widmet.

Ich möchte den „Ortswechsel" auch dazu nutzen, nicht mehr
nur hinter dem Schreibtisch über das Verkaufen von Schulbü-
chern zur Bildung junger Menschen beizutragen. Ich möchte
gerne selbst aktiv mit Kindern arbeiten und ihnen vermitteln,
dass Lebensfreude und Lernen überhaupt kein Widerspruch ist.
Ich möchte dazu beitragen, dass Kinder ein gesundes Selbst-
wertgefühl entwickeln, sich ihrer Fähigkeiten bewusst werden,
um auch als Erwachsener zu sich stehen zu können, zu den
eigenen Stärken, wie auch zu den eigenen Schwächen. Kinder
sollen den Mut haben und das Vertrauen entwickeln, an sich
zu glauben …

Mir ist bewusst, dass die beschriebene Grundmotivation nicht
ausreicht, um erfolgreich in Ihrem Team arbeiten zu können.
Auch wenn mir die Praxiserfahrung fehlt, so habe ich durch die
Arbeit im Schulbuchverlag immer noch intensiven Einblick in
die Didaktik und weiß z. B., wie Differenzierung und Indivi-
dualisierung in der Praxis auf unterschiedliche Art und Weise
umgesetzt werden können und welche Materialien, print wie
digital, sich dazu besonders gut eignen.

Ich habe mir das Profil Ihrer Schule und Ihre Webseite genau
angesehen und bin überzeugt, dass ich in der täglichen Arbeit
im Klassenzimmer sehr gute „Basisarbeit" leisten kann. Die
Werte Ihrer Schule decken sich auch mit den meinen bzw. mit
meinem Verständnis von Lehren und Lernen. Es würde mich
freuen, wenn ich mit meinen Fähigkeiten einen Beitrag zum
erfolgreichen Konzept Ihrer Schule beitragen kann.

Mein Wissen als Coach, mein absolvierter Rhetoriklehrgang, meine Kenntnisse im Bereich Marketing sowie meine langjährige Erfahrung als Buchhändlerin könnten vielleicht auch abseits der Arbeit im Klassenzimmer für Ihre Schule von Nutzen sein.

Menschen zu führen und zwar so, dass sie ihre Stärken stärken und dadurch auch ihre Höchstleistung erbringen können, ohne dabei zu „verbrennen", war bis jetzt meine berufliche Leidenschaft (als Vertriebsleiterin, als Leiterin einer Buchhandlung, als Ausbildnerin von Lehrlingen).

Kinder zu befähigen, später ein selbstbestimmtes Leben zu führen und damit auch einen Beitrag zu einem friedvollen Miteinander zu ermöglichen – das soll meine neue (und ursprüngliche) berufliche Leidenschaft werden.

Im Anhang finden Sie mein CV sowie fürs Erste die beiden wichtigsten Dokumente zu meinem beruflichen Ausbildungsnachweis. Ich bitte Sie, meine Anfrage vertraulich zu behandeln und freue mich auf eine Antwort.

Mit herzlichen Grüßen aus Salzburg

Sabine Stollberger

Bereits am nächsten Tag erhalte ich eine Antwort: Für das nächste Schuljahr werden noch Grundschullehrkräfte gesucht! Alles nimmt nun schnell seinen Lauf. Zwei intensive Gespräche am Telefon folgen.

Ich bereite mich darauf sehr genau vor und scheine einen guten Eindruck zu hinterlassen, denn bereits am 7. Mai 2017 steht fest, dass ich in das Grundschulteam aufgenommen werde.

JETZT habe ich mir meinen großen Traum erfüllt: Ich schreibe zurück, dass ich mich über diese Entscheidung sehr freue. Fast genau drei Monate später, am 11. August 2017, bin ich als Auswanderin und „Traumerfüllerin" nach Ägypten eingereist.

Erste Bekanntschaft mit Glaubensätzen

„Was wirst du machen, wenn dir das Unterrichten aber gar nicht gefällt?"

Das wurde ich nicht nur einmal gefragt, als ich Menschen in meinem Umfeld erzählte, dass ich in Ägypten zu Beginn auch als Lehrerin tätig sein werde.

Ich habe nie daran gezweifelt, dass es mir nicht gefallen wird und schon gar nicht, dass ich es nicht schaffe.

Mit 40plus5 zum ersten Mal einen Job anzunehmen, den man davor noch nie ausgeübt hat, und das in einem Land mit einer ganz anderen Kultur, erfordert eines: den Glauben an die eigenen Fähigkeiten!

Hätte ich selbst geglaubt und gesagt: „Ja, ich weiß auch nicht, ob ich es wirklich schaffen werde", dann hätte ich der Möglichkeit des Scheiterns eine Chance gegeben, alleine schon durch diese ausgesprochene Unsicherheit.

Unsere Sprache ist eine Ausdrucksform unserer Gedanken. Und sie kann etwas ganz besonders gut: Sie kann unsere Gedanken verstärken. Damit hat sie auch einen unglaublich großen Einfluss auf unser Tun, wie wir handeln und wie wir uns verhalten.

> *„Ich schaffe es!"*
>
> *„Ich kann das!"*
>
> *„Und wenn ich merke, irgendetwas nicht gut genug zu können, dann wird es mir möglich sein, Hilfe dafür anzunehmen!"*

Das waren meine Glaubenssätze, als ich mich entschieden habe, mir meinen großen Traum vom Leben auf dem afrikanischen Kontinent zu erfüllen. Und sie sind es auch heute noch. Auch jetzt während des Schreibens an diesem Buch. Du könntest das Buch heute nicht in der Hand halten und darin lesen, wenn diese positiven Glaubenssätze nicht wesentlich dazu beigetragen hätten, dass das Buch heute im Handel erhältlich ist.

Ehrlich geweinte Tränen

Wenn du jetzt annimmst, dass ich immer schon so positiv über mich und meine Fähigkeiten gedacht habe, dann irrst du, ja, du irrst sogar gewaltig.

Bevor ich die oben genannten drei positiven Glaubenssätze richtig verinnerlicht hatte, haben meine Gedanken auch limitierende Glaubenssätze geprägt. Diese waren es auch, die mich jahrelang davon abgehalten haben, mir selbst offen einzugestehen, dass ich auf dem afrikanischen Kontinent ein traumhaftes, erfülltes Leben führen möchte. Um mir meinen großen Traum erfüllen zu können, durfte ich brutal ehrlich zu mir sein. Ich habe mich mit meinen limitierenden Glaubenssätzen ehrlich und intensiv auseinandergesetzt.

Und ich bin jetzt auch ehrlich: dabei sind Tränen geflossen. Diese Tränen waren wichtig und mussten sein. Denn sie zeigten mir selbst, dass ich erkannt und verstanden hatte, was mich davon abhielt, mir selbst meinen großen Traum erfüllen zu können.

Der Glaube, Österreich nicht verlassen zu können, weil ich nie wieder so einen tollen und sicheren Job bekommen würde, hatte mich daran gehindert, mir schon früher meinen Traum zu erfüllen.

Der Glaube, Österreich nicht verlassen zu können, weil es kaum ein anderes Land gibt, in dem die ärztliche Versorgung so gut ist wie hier, hatte mich jahrelang daran gehindert, auch nur im Ansatz ernsthaft in Erwägung zu ziehen, mir meinen Traum zu erfüllen.

Der Glaube, Österreich nicht verlassen zu können, weil ich ja in kein staatliches Pensionssystem mehr einzahlen könnte, hatte dafür gesorgt, meinen Traum jahrelang klein zu halten. So habe ich auch mich selbst und meine Gedanken klein gehalten.

Wir steuern mit unserer Sprache

Unsere Sprache unterstützt uns dabei, wenn wir solche limitierenden Glaubenssätze loswerden wollen. Es ist daher kein Zufall, dass ich ein NLP (Neurolinguistisches Programmieren) Coach bin. Der bewusste Umgang mit unseren Worten, unserer Sprache ist trainierbar. Dadurch können wir unsere Sprache und unsere Gedanken bewusst steuern (lernen) und überlassen die Steuerung nicht anderen. Wir können selbst entscheiden, welche

Richtung wir unserem Leben geben – mit unseren Gedanken, mit unserer Sprache, mit unserem Tun.

Diese Fähigkeit ist nicht einem Coach vorbehalten. Diese Fähigkeit kannst auch du entwickeln. Vorausgesetzt, du möchtest dich und deine Glaubenssätze besser kennenlernen, damit dein Traum nicht „nur" ein Traum bleibt, sondern damit du ihn leben kannst.

Dieses Können befähigt dich zu etwas, was auch dich bestimmt unglaublich dankbar machen wird: ein selbstbestimmtes Leben führen können!

Befreiung von limitierenden Glaubenssätzen

Ein Glaubenssatz ist eine Überzeugung, die wir uns selbst aufgebaut haben oder die uns von unserem Umfeld meist bereits als Kind „mitgegeben" wurde.

Glaubenssätze sind somit Resultate aus unseren Erfahrungen und zeigen deutlich, wie wir unsere Umwelt wahrnehmen. Wenn du dazu neigst, etwas negativ zu sehen, dann hat das mit mindestens einem deiner Glaubenssätze zu tun.

Ein negativer Glaubenssatz kann z. B. sein: „Wenn einer Glück hat, dann sicher nicht ich!" Oder „Wenn einem Unglück widerfährt, dann bestimmt mir!"

Wer so denkt, fühlt und handelt, der erwartet auch nichts anderes und zieht genau solche Situationen an. Wir erwarten etwas, es tritt ein und somit sind wir in unserer Überzeugung bestätigt. Der Glaubenssatz manifestiert sich, wird zu einer Wahrheit.

Wenn sich etwas negativ manifestiert, dann können wir auch positive Glaubenssätze verankern. Das ist das Tolle an uns Menschen. Wir können etwas verändern und wir können etwas ins Positive verändern. Auch unsere Glaubenssätze!

TIPP

Mit einer Sache kannst du sofort beginnen: Streiche ab sofort die Sätze „Ich muss ..." und „Ich kann nicht ..." aus deinem Sprachgebrauch.

Ich bin mir sicher, dass du dich beim Gebrauch dieser Worte nicht gut fühlst.

Eine erfüllte zweite Lebenshälfte, die du genuss- und lustvoll verbringen möchtest, in der du dir Träume und Wünsche selbst erfüllen kannst, steht im echten Widerspruch zu einer Realität, die dir deinen Selbstwert nimmt und dir deine Energie raubt. Wenn du „musst" und „nicht kannst", passiert genau das.

Wenn ich etwas nicht weiß oder nicht kann, dann sage ich mir immer: Ich weiß das noch nicht bzw. ich kann das noch nicht.

Damit traue ich mir in Gedanken und sprachlich ausgedrückt durch das Wörtchen „noch" zu, etwas bald schon gut zu können. Weil ich es können will und mein Denken und Handeln daran ausrichte, dass es mir gelingen wird. Der Fokus ist auf ein erfolgreiches Können und Bewältigen unterschiedlicher Situationen ausgerichtet. Das scheinbar kleine Wörtchen „noch" hat eine große Bedeutung.

Sei achtsam und geduldig

Wenn du dich auch von limitierenden Glaubenssätzen befreien möchtest, wozu ich dich ganz herzlich einlade, dann wird dir das vermutlich nicht sofort super toll gelingen. Das darf auch so sein und war auch bei mir so. Es ist nur wichtig, dass du ab sofort sehr achtsam mit deiner Sprache umgehst. Wenn du dich mit einem „Ich muss" oder „Ich kann nicht" ertappst, dann ärgere dich nicht, sondern sei stolz, dass es dir aufgefallen ist und bleibe weiter achtsam. Und mach vor allem eines: Korrigiere den Satz sofort und sprich in nochmals laut aus!

Ich sagte z. B. einmal: „Mir fällt Arabisch zu lernen sehr schwer." Kaum ausgesprochen, haben auch schon meine „Alarmglocken" geläutet, und ich änderte den Satz sofort in: „Mir fällt Arabisch zu lernen jetzt noch etwas schwer."

Wichtig ist, dass wir die Sätze so ändern, dass sie für uns glaubhaft sind. Hätte ich gesagt, dass mir Arabisch zu lernen jetzt ganz leichtfällt, hätte ich es selbst nicht geglaubt. Wie kann mir etwas plötzlich ganz leichtfallen, wenn ich es kurz davor noch als schwer empfunden habe.

Mit dem kleinen Wörtchen „noch" schaffe ich aber einen Ausblick auf eine Zeit, in der ich es schaffen werde, und das ist von großer Bedeutung.

Bevor ich dich nun zum Beantworten der folgenden wichtigen Fragen einlade, möchte ich dich nochmals an deinen Diamanten erinnern:

- Du hast deinen Traum als ein smartes Ziel formuliert.

- Du hast schon gespürt, wie es sein wird, wenn du dir deinen Traum erfüllt haben wirst.

- Du weißt, was du tun wirst, wenn du deinen Traum lebst.

- Du weißt, was du haben wirst, wenn du dir deinen Traum erfüllt hast.

- Du hast dir eine Liste gemacht, mit jenem Wissen, was dir dazu noch fehlt.

- Du bist dir bewusst, welches Können du noch für das Verwirklichen deines Traumes brauchst.

Was dich daran jetzt noch hindern kann, sind nur mehr deine limitierenden Glaubenssätze. Was dich darin unterstützen wird, sind deine positiven Glaubenssätze. Daher ist es von großer Bedeutung, dass du weißt, welche Glaubenssätze du hast.

TIPP

Nimm dir Zeit und beantworte dir ehrlich und in Ruhe die folgenden Fragen. Sollte der Platz hier nicht ausreichen, nimm dir ein Notizbuch dazu.

Welche Glaubenssätze hast du?

Notiere positive wie auch limitierende ...

_____

_____

_____

_____

_____

_____

_____

**Welche davon verhindern noch, dass du deine Träume,
Wünsche lebst und deine Ziele erfolgreich erreichst?**

_____

_____

_____

_____

_____

_____

In welchen Situationen „argumentierst" du noch mit deinen negativen Glaubenssätzen? Schreibe sie auf!

Situation 1:_____

Situation 2:_____

Situation 3:_____

Situation 4:_____

Situation 5:_____

Überlege dir, wie oft du an einem Tag und in einer Woche in solche Situationen kommst.

Von wem glaubst du, hast du diese negativen Glaubenssätze übernommen?

Von deinen Eltern, Lehrern, Freunden, Kollegen, Vorgesetzten oder sind es deine „eigenen"?

Welche positiven Glaubenssätze hast du?

_____

_____

_____

_____

_____

In welchen Situationen haben dir diese positiven Glaubenssätze Mut und Kraft gegeben?

Situation 1:_____

Situation 2:_____

Situation 3:_____

Situation 4:_____

Situation 5:_____

Überlege dir auch hier, wie oft am Tag und in einer Woche du in solche Situationen kommst.

Von wem glaubst du, hast du diese positiven Glaubenssätze übernommen? Von deinen Eltern, Lehrern, Freunden, Kollegen, Vorgesetzten oder sind es deine „eigenen"?

Nun kennst du deine Glaubenssätze! Ich gratuliere dir ganz herzlich, denn du bist den meisten Menschen nun einen großen Schritt voraus!

Viele Menschen halten ihre Gedanken für normal, selbst wenn diese Gedanken ihnen und anderen nicht gut tun und sie damit nicht das erreichen, was sie sich eigentlich wünschen. Sie denken gar nicht daran und wissen es auch zum Teil nicht, dass sie ihre Gedanken selbst ändern können!

Das Wissen, von wem du deine limitierenden Glaubenssätze übernommen hast, hat nicht das Ziel, nun mit den Fingern auf diese Menschen zu zeigen oder ihnen gar

Vorhaltungen zu machen. Dieses Wissen soll dir helfen, diese limitierenden Glaubenssätze rasch zu erkennen. Mit der Zeit wirst du auch erkennen, welche positive Absicht dahinter gesteckt hat.

Es gibt verschiedene Wege, sich von negativen und limitierenden Glaubenssätzen zu befreien.

Einfache limitierende und negative Glaubenssätze kannst du mit Wiederholungen von Affirmationen positiv verändern. Einen Glaubenssatz aufzulösen gelingt dir aber nur, wenn du ihn durch einen anderen ersetzt.

TIPP

Überlege dir und schreibe auf, welche negativen Glaubenssätze du durch welche positiven ersetzen möchtest.

Negativ:_____

Neupositiv:_____

Negativ:_____

Neupositiv:_____

Negativ:_____

Neupositiv:_____

Negativ:_____

Neupositiv:_____

Einer meiner negativen und ganz fest verankerten Glaubenssätze war: „Ich muss es alleine schaffen!"

Viel zu lange hatte ich geglaubt, das gehört dazu, um wirklich eine unabhängige und starke Frau zu sein. Heute weiß ich, dass unabhängig, stark und selbstbewusst sein durch das Annehmen vorhandener Hilfe nicht eingeschränkt wird. Im Gegenteil! Hilfe anzunehmen bringt uns viel schneller ans Ziel.

Daher lautet heute mein Glaubenssatz:

„Es gehört zu meiner neuen Stärke,
Hilfe jederzeit annehmen zu können, wenn ich sie brauche."

Ein NLP-Coach verfügt über verschiedene Formate und Techniken, mit denen er an Glaubenssätzen arbeiten kann. Die Hypnose kann hier übrigens wunderbar unterstützen, weil vieles im Unterbewusstsein verankert ist und sich dort auch langfristig verändern lässt.

Einfache negative Glaubenssätze kann man auch mit der umgekehrten Methode lösen. Es wird nicht nach limitierenden Glaubenssätzen, sondern nach den Zielen und Wünschen gesucht und man arbeitet daran, diese zu erreichen. Das ist mit unterschiedlichen Methoden des Visualisierens (z. B. Diamant) und unterstützend mit Hypnose erreichbar.

Dieses Buch hat nicht den Anspruch, alle Möglichkeiten im Detail zu erklären. Es bietet dir die Möglichkeit eines ersten Bewusstmachens, was dich noch hindern könnte, dass dein Traum mehr wird als „nur" ein Traum, den du nie leben wirst.

Konsequenzen und neue Möglichkeiten

Mir ist es ganz wichtig, dir Mut zu machen, denn du brauchst dich mit deinen dir nun bewussten negativen Glaubenssätzen nicht schlecht zu fühlen. Sie haben in deinem Leben einen wichtigen Zweck erfüllt: Sie haben dir Sicherheit und Halt gegeben. Das war und ist ihre „positive" Absicht.

Etwas zu verändern bedeutet, Gewohntes aufzugeben und loszulassen. Das Gefühl der Unsicherheit ist reflexartig da. Aber du wirst auf dem Weg in eine erfüllte zweite Lebenshälfte, in der du dir deine großen und kleinen Träume erfüllst, mehr Sicherheit spüren als je zuvor.

TIPP

Ich lade dich nun ein, die Fragen und deine Antworten in Bezug auf deine limitierenden Glaubenssätze nochmals in Ruhe durchzulesen.

Notiere dabei die Konsequenzen, also was es für dich und dein Umfeld bedeutet, dass du dich von deinen limitierenden Glaubenssätzen befreist. Notiere wirklich alles, egal wie hart oder momentan noch undenkbar es dir jetzt erscheinen mag. Nimm dir dafür nochmals Zeit und nimm all deine Gedanken an.

Die eine oder andere Konsequenz kann im ersten Moment (jetzt noch) unschön erscheinen. Das war auch bei mir der Fall. Doch wenn du dir der Vorteile und neuen Möglichkeiten bewusst wirst, kannst du sie annehmen und die Chancen darin erkennen.

Konsequenz:_____

Vorteile/Möglichkeiten:_____

_____

Konsequenz:_____

Vorteile/Möglichkeiten:_____

_____

Konsequenz:_____

Vorteile/Möglichkeiten:_____

_____

Konsequenz:_____

Vorteile/Möglichkeiten:_____

_____

Konsequenz:_____

Vorteile/Möglichkeiten:_____

_____

Lies dir deine neuen Möglichkeiten laut vor.

Stell dir jede neue Möglichkeit auch bildhaft vor: Schlie-ße dabei die Augen und spüre, wie gut es sich anfühlt, was du dabei siehst, hörst, riechst und vielleicht auch schmeckst. Genieße diesen Moment der Vorfreude mit al-len deinen Sinnen.

Dein Glaube macht deinen Diamanten unbezahlbar

Ja! An deine neuen Möglichkeiten zu glauben, macht dei-nen Diamanten unbezahlbar!

Die Umsetzung erfordert nur eines: dein TUN.

Das klingt so einfach, und das ist es auch.

Ich weiß, es fühlt sich vielleicht jetzt noch alles andere als einfach an. Du hast bis hierher schon sehr viel getan und darauf darfst du stolz sein!

Sei wirklich bei jedem noch so kleinen Schritt stolz auf dich und belohne dich auch. Ich tue das liebend gerne und es tut so gut!

Als ich mich mit meinen Glaubenssätzen auseinanderge-setzt hatte, begann ich, zu einigen Dingen und auch Men-schen in meinem Leben „Nein" zu sagen. Das war eine Konsequenz meiner Konsequenzen.

Jedes „Nein" war aber gleichzeitig auch ein „Ja" zu mir!

Dieses „Ja" hat von diesem Zeitpunkt an kein schlechtes Gewissen mehr hervorgerufen und das war so befreiend! Denn ich wusste, mit dem Ausblick auf all die neuen Möglichkeiten wird es wieder neue Menschen geben, zu denen ich „Ja" sage und die zu mir „Ja" sagen. Es sind Menschen, die mich und mein Tun akzeptieren, so wie ich es für richtig halte.

Sei bereit für ein „Ja" zu dir und deinen neuen Möglichkeiten. Dieses „Ja" ist von so großer Bedeutung. Dein „Ja" wird dir neue Energie geben, wird dich in deinem Sein kraftvoll sein lassen und du wirst erreichen, was du dir vornimmst.

Dein Diamant – er wird nicht nur unbezahlbar, er beginnt stärker und stärker zu strahlen.

Es wird großartig, deinen Traum nicht „nur" zu träumen, sondern ihn auch zu leben!

Achte auf deine Gedanken, denn sie werden deine
WORTE.
Achte auf deine Worte, denn sie werden deine
GEFÜHLE.
Achte auf deine Gefühle, denn sie werden dein
VERHALTEN.
Achte auf Deine Verhaltensweisen, denn sie werden deine
GEWOHNHEITEN.
Achte auf Deine Gewohnheiten, denn sie werden dein
CHARAKTER.
Achte auf deinen Charakter, denn er wird deine
REALITÄT.
(Jüdisches Sprichwort)

Vertraust du schon oder misstraust du noch?

Story „Was um Himmelswillen ist ein Webhoster?"

Manche meiner Mitmenschen halten mich für „verrückt", weil ich gerne mit Haien tauche. Ich selbst hatte mich sogar einmal für „wahnsinnig" gehalten, weil zu meinen neuen Möglichkeiten der Start eines Blogs gehörte.

Der „Wahnsinn" daran: Ich hatte überhaupt keine Ahnung von und kein Gespür für Technik, das zumindest hatte ich jahrelang davor geglaubt …

- „Wordpress" noch nie zuvor gehört,

- „Themes" – keine Ahnung, was das ist,

- „Tags" muss ich googeln,

- „Webhoster" klingt furchtbar und

- „Domain" ist immerhin ein Lichtblick.

Ich hatte elf Jahre mit einem IT-Spezialisten zusammengelebt, wieso sollte ich mich dann damit auskennen (müssen)? Ich brauchte mich mit technischen Dingen nie ernsthaft zu beschäftigen. Wenn etwas nicht ging, wurde es wieder zum Laufen gebracht.

Und dann bildete ich mir „plötzlich" ein, einen Blog machen zu wollen, um Menschen schreibend zu ermutigen, ihren Weg in eine erfüllte zweite Lebenshälfte zu gehen.

Ich hatte mich von meinem IT-Spezialisten getrennt, doch für „Notfälle" stand er mir immer noch zur Verfügung. Er hat mir mit Domain und Webspace, also bei den ersten Schritten, geholfen. Danach durfte ich alleine weitergehen. Ich dachte, ich gehe bei technischen Dingen quasi weiter wie bisher, und suchte mir jemanden, der mir alles andere machen würde. Das Resultat: Ich habe Geld ausgegeben und war nicht zufrieden.

Was tun? Ich konnte das selbst ja nicht!

Also habe ich wieder jemanden gesucht. (Ja, ich habe von limitierenden Glaubenssätzen und festen Gewohnheiten eine Ahnung!) Und ich habe jemanden gefunden, dem ich vertraute. Mir wurde rasch klar gemacht, dass ich, wenn ich einen Blog betreiben möchte, schon auch ein gewisses Grundverständnis für Wordpress & Co haben müsste. Ok, dachte ich mir, dann bemühe ich mich halt. Motiviert buchte ich beim Bloggerkongress verschiedene Workshops, auch zum Thema E-Mail-Marketing.

An zwei wunderschönen Frühlingstagen im April saß ich zwischen all den aktiven Bloggern, habe den Worten der Referenten interessiert zugehört und wusste: Wenn all die anderen um mich herum das geschafft haben, dann schaffe ich es auch.

Warum glaubte ich, es nun doch zu schaffen?

Ich habe mich auf bereits „Gelerntes" und vor allem auf das, was mir gut tut, besonnen:

- Optimismus

- Selbstvertrauen (weil ich schon so viel in meinem Leben geschafft habe)

- Hilfe annehmen (lernen)

- Ziele fokussiert, gelassen und humorvoll erreichen

Weißt du, wie schön es ist, wenn du selbst stolz auf dich sein kannst? Als ich mein neues Theme selbst mit Leben befüllt hatte, als ich mittels Videoanleitung alles für das E-Mail-Marketing eingebaut hatte, als ich mir ergoogelt hatte, wie ich denn meine Unterschrift überhaupt an das Ende eines Blogbeitrages bekomme und und und – WOW, das war ein fantastisches Gefühl. Jeder noch so kleine Erfolg hat mich selbst bestärkt und ermutigt und es wurde immer klarer: Ja ich, echt ich, die bisher von Technik keine Ahnung hatte und die es auch nicht interessiert hat, ich habe meinen Blog selbst soweit gebracht, dass ich den Go-Live am 6. Oktober 2016 starten konnte.

Dass ich mir selbst meinen Blog www.40pluscoach.com aufgebaut habe, nachdem ich mein ganzes Leben davon überzeugt war, von Technik keine Ahnung zu haben, hat mir etwas ganz Wichtiges gegeben: Vertrauen!

Vertrauen in meine Fähigkeiten, etwas zu schaffen, wovon ich zu Beginn noch überhaupt keine Ahnung hatte.

Vertraue darauf, lebenslang lernen zu können

JA! Ich vertraue darauf, lebenslang lernen zu können. Lernen bedeutet Fortschritt und nicht Stillstand. Es bewegt sich etwas, wir bleiben beim Lernen in Bewegung, geistig wie auch körperlich.

Nicht nur, weil ich auch ausgebildete Pädagogin bin, finde ich Lernen spannend. Ich finde das Lernen auch aus einem vielleicht für dich neuen Gesichtspunkt spannend: Lernen gehört für mich zur besten Altersvorsorge. Lernen als eine Altersvorsorge zu sehen, die wir selbst steuern können, bedeutet im weiteren Sinne und in ihrer Konsequenz auch, eine selbstbestimmte und gesunde Lebensweise zu haben.

Das erfordert natürlich auch Wissen. Ein Wissen nicht nur darüber, welche Möglichkeiten uns das Leben bietet oder auch nicht nur das Wissen über unsere Arbeit, sondern vor allem das Wissen über uns selbst. Wer sind wir? Was macht uns aus? Was tut uns gut?

Für eine erfüllte gesunde zweite Lebenshälfte, in der du das Leben genießen und deine Träume verwirklichen möchtest, ist dieses Wissen unerlässlich.

Es gibt noch einen weiteren Aspekt des Lernens, den ich spannend finde: Im NLP gibt es eine Vorannahme (Axiom), die du bereits kennst und die meinem Vertrauen zugrunde liegt:

> *Wir haben alle Ressourcen, die wir brauchen,*
> *oder wir können sie uns schaffen.*

Das heißt, es gibt keine „ressourcenarmen" Menschen, sondern nur innere Zustände (z. B. aufgrund von limitierenden Glaubenssätzen), die ressourcenarm sind.

Als ich meinen Traum vom eigenen Blog hatte und merkte, ich darf mich selbst um meine Ressourcen kümmern, habe ich mir natürlich folgende Frage gestellt:

Was brauche ich alles,
damit ich das scheinbar Unmögliche schaffe?

Ich war ja bis dahin überzeugt, von Technik keine Ahnung zu haben. Neben dem Optimismus, dem Selbstvertrauen, der Bereitschaft, Hilfe anzunehmen und einer fokussierten, gelassenen und humorvollen Einstellung, um Ziele zu erreichen, war es vor allem dieser positive Glaubenssatz, der mir half:

Ich kann schaffen, was ich will!

Kompetenzen für lebenslanges Lernen

Lebenslanges Lernen, so wie ich es verstehe, setzt zwei Kompetenzen voraus:

- Die Kompetenz, sich Wissen eigenständig anzueignen, aufzunehmen und zu verarbeiten.

- Die Kompetenz, mit diesem Wissen eigenverantwortlich und reflektiert umzugehen.

In Fortbildungen und Seminaren, die ich besucht habe, traf ich Menschen, die ich gerne als „Content-Cunkies" bezeichne. Das sind für mich Menschen, die ein Seminar nach dem anderen besuchen, ein Buch nach dem anderen lesen oder an einem Online-Kongress nach dem anderen teilnehmen. Bei diesen „Cunkies" habe ich in Gesprächen eines vermisst: die Zeit für eine Reflektion danach.

Anstatt darüber zu sprechen, wie man das Gelernte im Alltag anwenden kann, erzählten sie, welchen Kurs, welchen Kongress, welche Bücher sie als nächstes besuchen bzw. lesen würden.

Wie lässt sich Vertrauen in neues Wissen und in dessen Umsetzung im Alltag stärken, wenn wir uns nicht die Zeit gönnen, das Neue zu reflektieren und in unseren Alltag zu integrieren? Und zwar so zu integrieren, dass es zu einer positiven wohltuenden Veränderung kommt. Dafür bedarf es Zeit, und es ist eine wertvolle Zeit.

Dieses Vertrauen entwickeln Menschen unterschiedlich schnell. Jeder von uns hat sein eigenes Tempo, und das darf so sein.

Es gibt bestimmt viele Menschen, die einen Blog wie meinen in viel kürzerer Zeit erstellen. Ich habe meine Zeit gebraucht und ich habe mich mit dem Wissen, dass andere viel schneller sind als ich, nicht schlecht gefühlt. Ich habe mich nicht auf die anderen konzentriert, sondern auf mich und meine zukünftigen Leser.

Sich selbst besser und besser kennenzulernen, das ist auch ein Teil des lebenslangen Lernens und eine personale Kompetenz.

Lebenslanges Lernen ist die beste Investition

In unterschiedlichen Lebensphasen und Lebenslagen können es unterschiedliche Dinge und Menschen sein, die uns gut tun und wichtig werden. Daher ist es nie zu spät, sich Gedanken über seine Werte und Glaubenssätze zu machen. Es gibt für mich kein „zu alt dafür". Und ich hoffe, für dich auch nicht.

Ich habe mir mit 40plus5 einen großen Traum erfüllt, nachdem ich mich intensiv mit mir selbst auseinandergesetzt und dabei viel über mich gelernt habe. Ich werde mir auch noch mit 50plus meine Träume erfüllen. Es gibt sogar Menschen, die haben mit 60plus ihre erste Firma gegründet und danach noch vieles mehr. Eines haben diese Menschen und ich gemeinsam: Wir vertrauen darauf, lebenslang lernen zu können. Und Lernen bedeutet auch, Erfahrungen zu machen. Reich an Erfahrung sein, bedeutet für mich, vieles im Leben gelernt zu haben.

Sei dir heute bewusst, was du alles in deinem Leben schon gelernt und erfahren durftest:

- Dein erstes gesprochenes Wort und deine ersten Gehversuche,
- selbst essen und trinken können und deine ersten Kochversuche,
- vom Schreiben der ersten Buchstaben bis zu deinem Schul-, Studien- oder Lehrabschluss,
- vom ersten Kuss bis zu deiner ersten langjährigen Partnerschaft,
- von deiner ersten Bewerbung bis zu deinem heutigen Job,
  uvm ...

Sei dir auch bewusst, dass du noch vieles mehr lernen kannst, bis deine letzte Stunde gekommen ist.

Wir Menschen haben unglaubliche Gaben und Fähigkeiten, uns Wissen anzueignen und dieses auch anzuwenden. Lernen bedeutet:

Du investierst in dich!

Vertraue auch du in deine Fähigkeit, lebenslang lernen zu können, und du wirst lebenslang davon profitieren. Wenn du es wirklich willst.

Dein Blick nach Innen

Die Investition in dich erfordert auch das Wissen, was du wie und wann genau investieren willst. Investieren setzt Vertrauen voraus.

Ein Neubeginn, sich einen Traum zu erfüllen, etwas Neues zu wagen – all das passiert nicht einfach nur so, ohne Grund.

Das bisherige Leben kann dich unzufrieden gemacht haben. Das darf sein, dafür brauchst du dich nicht zu schämen. Unzufriedenheit bedeutet nicht, dass du plötzlich undankbar geworden bist. Es kann sich das Gefühl entwickelt haben, dass das Leben noch viel mehr zu bieten hat. Auch dieses Gefühl bedeutet nicht, dass du plötzlich zu wenig dankbar bist für das, was du hast. Dieses Gefühl hat sich irgendwann, scheinbar aus dem Nichts heraus, ohne dass du es gemerkt hast, entwickelt und wurde zuerst langsam und dann immer schneller stärker.

Auch eine schwere Enttäuschung kann der Auslöser für dich sein, dir Gedanken über dein Leben zu machen und dich auf die Suche nach dem eigenen Warum zu begeben.

Wem noch vertrauen?

Wem kannst du vertrauen nach Enttäuschungen? Wem kannst du vertrauen auf der Suche nach Orientierung auf dem Weg in eine erfüllte zweite Lebenshälfte? Wem kannst du vertrauen im Dschungel der vielen „Gurus" und angesichts einer kilometerlangen Reihe von Lebenshilfe-Ratgebern?

Ich schlage vor, du beginnst bei dir selbst! Und du hast damit bereits begonnen! Du weißt nun, welche Werte dir ganz wichtig sind. Du weißt, in welchen Lebensbereichen du sie ausleben kannst und in welchen du noch Potential hast, mehr davon zu nutzen.

Du bist dir deiner limitierenden Glaubenssätze bewusst und fokussierst dich auf deine positiven Glaubenssätze, die dir Kraft und Mut geben. Ja, dein Diamant strahlt bereits und du kannst die Strahlkraft zu nutzen beginnen.

Dein Diamant zeigt dir, welches Wissen und Können dir noch fehlt, um dein Ziel zu erreichen. Du weißt, welche Glaubenssätze dich stärken, um dir dieses noch fehlende Wissen und Können anzueignen.

Du kennst deine limitierenden Glaubenssätze, du arbeitest daran und das bedeutet, du bist mutig und traust dich, deine Schwächen einzugestehen. Und genau das verleiht dir eine neue Stärke. Dein Selbstvertrauen wächst. Du bist mutig zu sagen, zu schreiben, zu entscheiden, welche Unterstützung du dir für dich wünschst, damit du dir deinen Traum, deine vielen kleinen Träume erfüllen kannst. Und du weißt auch, welche Unterstützung auf dem Weg in eine erfüllte zweite Lebenshälfte nicht für dich in Frage kommt.

Egal, vor welcher größeren Entscheidung ich im Leben nun stehe: Bevor ich die für mich richtigen Antworten finden kann, richtet sich mein Blick immer nach innen. Ohne den Blick nach innen wird das, was ich „draußen" an Content und Wissen konsumiere, nicht bei und auch nicht in mir ankommen.

Der folgende Satz klingt vielleicht etwas zu pathetisch für dich, doch ich bin überzeugt, dass die Zeit für den Blick nach innen sehr gut investiert ist:

Blicke nach innen und dann erst
erhebe dein Haupt aufs Neue
und du wirst mehr und viel weiter sehen als davor.

Nüchtern ausgedrückt: Sei bereit, deine Bringschuld einzulösen. Erst dann darfst du von anderen etwas für dich erwarten.

Denn egal, ob im privaten wie beruflichen Alltag:

- Wie geht es dir mit Menschen, die Leistungen einfordern, aber nicht bereit sind, selbst entsprechende Leistungen zu erbringen?

- Wie geht es dir mit Menschen, die Hilfe erwarten und selbst nicht helfen wollen?

- Und wie geht es dir mit Menschen, die erwarten, dass andere ihnen vertrauen, wenn sie es nicht mal selbst tun?

Dein Blick nach innen hat ein großes Ziel: Dich selbst kennen und lieben zu lernen.

Du entdeckst dabei, wie viel Potenzial du in dir hast, wie viele wunderbare Eigenschaften du besitzt und wie viel du Tag für Tag schon jetzt gut bewältigst. Dieses Bewusstsein wird dir Vertrauen in dich geben und dein Vertrauen in dich enorm stärken. Dann wirst du ziemlich leicht erkennen, von wem du „im Außen" für die Umsetzung deines Ziels Unterstützung haben möchtest.

Wirkungsvolle Tipps für mehr Selbstvertrauen

Wenn du heute noch das Gefühl hast, dass dein Vertrauen in dich und deine Fähigkeiten noch nicht so groß ist, dann habe ich drei kleine wirkungsvolle Tipps, wie du dir ab jetzt selbst mehr zutraust und mehr vertraust:

Tipp Nr. 1: Schreibe auf, was du gut kannst und welche drei Dinge du an dir selbst schätzt.

Nimm dir Zeit dafür, mach es auch gerne in Etappen, wenn dir z. B. nicht gleich so viel einfällt. Mach das mal eine Woche lang jeden Abend für fünf Minuten. Geh deinen Tag in Gedanken nochmals durch. Was hast du alles getan und was sind die Voraussetzungen, dass dir das alles möglich war ...? Nach sieben Tagen wirst du überrascht sein, wie viel länger deine Liste geworden ist.

Tipp Nr. 2: Plane Dinge und setze sie um

Damit meine ich nicht den nächsten Urlaub oder Ähnliches. Nimm dir weitere fünf Minuten am Abend und überlege dir, welche Pläne du für den nächsten Tag hast. Beginne mit „kleinen" Dingen, wie z. B. der schon länger aufgeschobene Anruf bei einer Person, bei der du dich melden wolltest, aber irgendetwas immer dazwischen gekommen ist. Nimm dir nicht zu viel vor, beginne klein und steigere dich. Du wirst sehen, wie schön es ist, wenn du es gemacht hast und dir selbst beweist, dass es dir möglich ist, Dinge zu tun, die du bisher vor dich hergeschoben hast, egal aus welchem Grund.

Tipp Nr. 3: Belohne dich

Tue es wirklich, ich kann es dir von Herzen empfehlen. Wenn du es bis jetzt nicht gemacht hast, dann wird das auch dein wesentlicher Beitrag sein, um dein Ziel zu erreichen.

Belohne dich ,
- *wenn du mit deiner Liste beginnst und dir die fünf Minuten Zeit geschenkt hast,*
- *wenn deine Liste z. B. am 5. Tag schon recht lang ist,*
- *wenn du das eine To do, das du dir für morgen vorgenommen hast, schon getan hast,*
- *wenn du merkst, dass es dir plötzlich leicht fällt zu erkennen, wie gut du deine Fähigkeiten einsetzen konntest, usw.*

Wenn dir das seltsam vorkommt, ist das ein Zeichen, dass du damit beginnen solltest. Vielleicht findest du ganz andere Dinge, für die du dich belohnen kannst. Aber bitte tue es!

Mit diesen drei scheinbar kleinen Tipps wirst du ein noch besseres Gespür für dich bekommen. Für das, was du gut kannst und für das, was du noch nicht so gut kannst und gerne können möchtest.

Wenn du deinen Fokus zuerst auf das richtest, was du gut kannst, wenn du dir deiner Stärken und Fähigkeiten bewusst bist, erst dann wirst du mit deinen Schwächen gut und souverän umgehen können.

Du erkennst sie und wirst entscheiden, ob du Situationen vermeiden oder an den Schwächen bewusst arbeiten möchtest. So oder so, du wirst sie als einen Teil von dir annehmen können. Und wenn du das machst, dann bist du echt stark!

Vertraue dem Gesetz der Anziehung

Noch nie habe ich ein Buch über das Gesetz der Anziehung gelesen, obwohl ich jahrelang im Buchhandel tätig war. In der Esoterik-Abteilung hätte ich nicht nach Antworten suchen wollen.

Ich habe auch keine Filme darüber gesehen, mir kein You-Tube-Video angesehen oder auch keinen der vielen Artikel im Internet dazu gelesen. Erst beim Schreiben dieses Kapitels habe ich begonnen, im Internet zu recherchieren. Und was gibt es nicht alles darüber zu lesen, zu hören und zu sehen!

Ich habe das Gesetz der Anziehung für mich selbst entdeckt und angewendet, ohne es bewusst zu wollen. Es funktioniert hier in Ägypten quasi ohne mein bewusstes

Zutun. Diese Anziehung wirkt auch über geografische Grenzen hinaus.

Es gibt Menschen, die nutzen dieses Gesetz ganz bewusst für sich und andere. Ich habe diesen vorhandenen und sehr gut funktionierenden Mechanismus nie bewusst als „Gesetz der Anziehung" gesteuert. Vielleicht liegt auch darin das Geheimnis meines Erfolges – meinen größten Traum mit 40plus5 leben und genießen zu können.

Rückblickend weiß ich, wann es begonnen hat zu wirken, nämlich am 30. Januar 2017. Das war der Tag, an dem ich mir selbst den Tag zehn Jahre später, also den 30. Januar 2027, ganz genau beschrieben habe. Der Grund, warum diese Übung für das Erreichen von Zielen genauso wichtig ist wie die Übung zu deinem Diamanten:

Du bekommst, was du erwartest!

Das ist das Gesetz der Anziehung.

Was bedeutet das konkret?

Warum haben negativ denkende Menschen und Menschen mit vielen limitierenden Glaubenssätzen kein erfülltes schönes Leben? Weil sie vom Leben und den Menschen ständig enttäuscht werden? Nein, sie erfahren Enttäuschung und wenig Gutes, weil sie negativ denken und sich ihrer limitierenden Glaubenssätze nicht bewusst sind.

Das Gesetz der Anziehung spielt beim Verwirklichen von Träumen und bei der Umsetzung von Zielen eine ganz entscheidende Rolle, weil jeder Gedanke, den wir denken und jedes Gefühl, das wir in uns fühlen und annehmen, ähnliche oder gleiche Gedanken und Gefühle anzieht.

Konsequent weiter gedacht bedeutet es:

Du hast dein Schicksal selbst in deiner Hand.

Das Erreichen deiner Ziele und das Leben deiner Träume ist vor allem das Ergebnis deiner positiven Gedanken und dein ganz starker Wille, es erreichen und leben zu wollen.

Ja, du kannst ein selbstbestimmtes Leben führen.

„Beweise" für das Gesetz der Anziehung

Wenn du mehr darüber erfahren möchtest und im Internet zu recherchieren beginnst, wirst du feststellen, dass es die verschiedensten Erklärungen dafür gibt. Von esoterischen, psychologischen, religiösen bis hin zu naturwissenschaftlichen Begründungen (Quantenphysik).

Ich bin ehrlich, mir ist es egal, welche der Erklärungen die wahrscheinlich zutreffendste ist. Ich weiß, welche Umsetzungskraft und Anziehungskraft positive Gedanken haben. Ich habe es selbst erlebt und erlebe es immer wieder.

Ein „Beweis" ist, dass du mein erstes Buch gerade in der Hand hältst und nun schon auf Seite 87 darin liest ...

Ein Beweis ist auch, wie und dass ich noch mit 40plus5 eine Anstellung als Grundschullehrerin bekommen habe, obwohl meine Ausbildung 22 Jahre her und ich in diesen 22 Jahren nicht als Lehrerin tätig war.

Ein Beweis ist, dass ich nach kurzer Zeit Menschen (echte Beduinen) kennengelernt habe, die mir die Schönheit der östlichen arabischen Wüste auf ganz besondere Weise gezeigt haben und immer noch zeigen.

Das führt auch schon zum nächsten Beweis. Diese Wüstentouren mit Samira Ouda, der Leiterin des Bedouin Life Camp & Safari, und ihrem Team öffneten meine Augen und auch meine Seele auf besondere Weise, so dass auch besonders schöne Fotos entstehen konnten. So konnte ich nach einigen Monaten bereits die erste Foto-Ausstellung meines Lebens im Cultural Center Red Sea präsentieren. Das war nicht von mir geplant. Das war reine Anziehung.

Ich ziehe hier Menschen an und Menschen werden von mir angezogen. Es sind oft Frauen, die selbstbestimmt in einem arabischen Land leben wollen und wissen, dass wir in diesem Leben zu einer besonderen Aufgabe bestimmt sind.

Auch du bist bestimmt für deine Aufgabe, für deinen Traum und für deine Ziele. Jeder von uns hat seinen eigenen Diamanten, den er selbst zum Strahlen bringen darf.

Wann beginnt das Gesetz der Anziehung zu wirken?

Es geht nicht darum, dass du meinen Beweisen glaubst. Es geht darum, dass du an dich selbst glaubst und auf deine Fähigkeiten vertraust. Es geht darum, dass du fokussiert, gelassen und humorvoll anstatt verbissen und immer noch mit Perfektionismus ausgestattet, an dir und deinen Träumen und Zielen arbeitest. Dass du ganz du selbst bist, dass du dich lebst und liebst, mit all deinen

Stärken und Schwächen. Dann beginnt das Gesetz der Anziehung auf geheimnisvolle und wundervolle Weise zu wirken.

Ich habe mich entschieden, weiter diesem Geheimnis zu vertrauen, denn ich habe bis 2027 noch viel vor. Einiges habe ich schon erreicht. Der Glaube und die Kraft meiner Gedanken, der Fokus auf meine positiven Glaubenssätze werden das, was ich noch erreichen möchte, möglich machen. Spätestens, wenn du mein zweites Buch in der Hand hältst, wirst du überzeugt sein, dass ich wirklich lebe, worüber ich schreibe.

Sei selbst von dir überzeugt, von deinen Kräften, die du in dir trägst. Glaube daran, dass sie da sind und sein werden, wenn du bereit bist, zu vertrauen – dir selbst und dem, was dich ausmacht. Dann wird auch für dich das Gesetz der Anziehung auf wundervolle Weise wirken.

Vertrauen: ein Grund für dein Wohlbefinden

Früher wurde mir oft gesagt, ich sei viel zu leichtgläubig. In manchen Situationen wurde ich sogar als naiv bezeichnet. Viel zu schnell jemandem zu vertrauen sei nicht gut für mich. Ich habe damals schon verstanden, dass man mich mit diesen Äußerungen nicht verletzen, sondern schützen wollte. Doch ich spürte trotz der positiven Absicht Widerstand in mir. Ich hatte keine Erklärung dafür warum, aber ich wollte auf keinen Fall zu den Misstrauischen gehören.

Heute weiß ich längst warum. Ich habe selbst so ein großes Bedürfnis, dass es mir gut geht. Und wenn ich jemandem ohne offensichtlichen Grund misstraue, dann fühlt sich das für mich alles andere als gut an.

Mir geht es wesentlich besser und ich fühle mich in meiner Haut wesentlich wohler, wenn ich vertraue, als wenn ich hinter jeder Handlung eine böse Absicht vermute.

Ist es nicht auch für dich irgendwie logisch, dass es keinen Sinn macht, wenn wir jemandem von vornherein eine schlechte Absicht unterstellen, nur aufgrund einer Vermutung, einer Annahme, die noch gar nicht verifiziert werden konnte? Das ist doch nicht wirklich sinnvoll! Und ob sinnvoll oder nicht, ich frage dich: Wann fühlst du dich besser – wenn du daran glaubst, dass etwas gut wird oder wenn du daran glaubst, dass es sowieso nicht funktioniert?

Was aber passiert, wenn etwas nicht funktioniert, obwohl du vertraut hast?

Weißt du, warum dich das nicht (mehr) aus der Bahn wirft? Weder bei deiner Planung, noch bei der Umsetzung und schon gar nicht, wenn du deinen Traum bereits lebst?

Weil du selbst entschieden hast, dir eine Chance zu geben. Vielleicht standen die Chancen für ein Gelingen dieser Situation nur 50 : 50. Aber du selbst hast dir die Möglichkeit auf die guten 50 % gegeben. Mit der Fähigkeit zu vertrauen wird es dir viel öfter möglich sein, Chancen zu erkennen und zu nutzen. Wenn sich die Chance als Irrtum herausstellt, ist das nicht tragisch, denn du weißt, es gibt noch viele weitere neue Chancen. Das Gesetz der Anziehung wird weiterhin wirken.

Zu meiner erfüllten zweiten Lebenshälfte, in der ich meine Träume lebe, gehört für mich auch die Fähigkeit zu vertrauen, mir selbst und auch anderen.

Ich vertraue auch Menschen, die ich neu kennenlerne. Sie bekommen sozusagen einen zinsfreien Kredit. Du kannst sagen, das ist doch etwas zu großzügig und ich würde dir antworten: ja, das ist großzügig. Und wer schon mal eine Zeit hier in Ägypten gelebt hat, weiß sogar, wie unglaublich großzügig das ist. Ich traue mich, so großzügig zu sein, weil es mir gut tut. Es ist ein gutes Gefühl.

Probiere es selbst aus! Vertraue dabei auf dein Herz und auch auf deinen Verstand.

„Wer Vertrauen hat, erlebt jeden Tag Wunder."
(Peter Rosegger, 1843-1918)

Bewusst leben und genießen

Story „El Gouna – The state of mind"

Ich sitze im Flugzeug, sehe unter mir das Mittelmeer, und die afrikanische Küste kommt immer näher … Hinter mir sitzt eine junge Mutter mit ihrem 10-jährigen Sohn aus Kärnten, unverkennbar der mir so vertraute Kärntner Dialekt. Beide, Mutter und Sohn sitzen das erste Mal in einem Flugzeug und reisen zum ersten Mal nach Ägypten. In über 10.000 Meter Höhe erfahre ich, dass der Ehemann vor zwei Monaten verstorben ist und dass es Weihnachten und Neujahr für die junge Mutter zu Hause nicht aushaltbar wäre. Viele ihrer Freunde und Verwandten haben sie deshalb verurteilt. Wie könne sie sich nur schon nach zwei Monaten einen Urlaub gönnen. Als wir über die Wüste fliegen, erzähle ich über das schöne Land Ägypten, über den Nil und über das Rote Meer.

Eines erzähle ich nicht, dass ich zum ersten Mal in meinem Leben auch alleine Weihnachten und Neujahr in einem Hotel verbringen werde. Zum ersten Mal in meinem Leben fliege ich alleine in den Urlaub nach Ägypten. Ich habe mir dafür ein kleineres Hotel unter ägyptischer Leitung in El Gouna ausgesucht. Direkt an der wunderschönen Lagune gelegen, klein und fein, ohne sichtbare Animation, genau richtig für meine Bedürfnisse. Ich habe den idealen Ort gefunden: zum Schreiben, für lange Spaziergänge, zum Fotografieren und der Möglichkeit, Neues zu entdecken.

An manchen Tagen bin ich schon vor Sonnenaufgang losmarschiert und habe die Sonnenaufgänge an unterschiedlichen Plätzen fotografiert. Einmal habe ich dafür sogar etwas Verbotenes getan und ein „Schlupfloch" in einer Hotelanlage gefunden, an dessen Strand mir besonders schöne Fotos gelungen sind. Die Securitymänner habe ich am Strand einfach freundlich angelächelt, und so konnte ich ohne Probleme einen wundervollen Sonnenaufgang genießen.

An manchen Tagen habe ich ein Fahrrad gemietet und damit die Umgebung erkundet. Und an anderen Tagen war ich mit dem Lagunentaxi unterwegs und habe diese künstlich angelegte wunderschöne Stadt aus einer ganz anderen Perspektive genossen. Am liebsten bin ich durch die Golfanlage des Steigenberger Hotels gewandert, um danach am Golf-Tower auch den herrlichen Untergang der Sonne hinter den Bergen der großen östlichen arabischen Wüste zu genießen.

Einmal hat mich der Chef des Restaurants angesprochen und angemerkt, ich sei irgendwie anders als die anderen Gäste. Damit meinte er vor allem anders als die anderen weiblichen Gäste. Das war für mich ein Kompliment. Ja, ich war und bin anders. Ich hatte keinen Singleurlaub gebucht, um hier zu flirten oder auf „Aufriss" zu gehen. Mehr und mehr erfuhr ich, dass gerade dieses Hotel beliebt dafür war und der Service hier weit über die mir bis dahin vorstellbaren Grenzen ging, wenn die Nachfrage dafür vorhanden war. Von keinem geringeren als dem

Hoteldirektor durfte ich das und vieles mehr erfahren. Ich hatte ihm bei der Übersetzung einer Powerpoint-Präsentation ins Deutsche für die große Bootsmesse in Düsseldorf geholfen, und als Dankeschön lud er mich dafür außerhalb des Hotels zu einem Drink mit Shisha ein. Vieles, was ich an diesem Abend erfuhr, hat mich schockiert und dazu beigetragen, meinen Verstand ein paar Monate später nicht in Österreich zurückzulassen.

„El Gouna – The State of Mind" (Leitspruch der Stadt) übt nach wie vor eine Anziehung auf mich aus. Hier kommen viele reiche Ägypter übers Wochenende her, um gut zu essen, auf Partys ausgelassene Stimmung zu genießen und vieles mehr.

Es ist aber auch ein Ort für ganz andere Menschen, für Kitesurfer zum Beispiel, die hier im idealen Wind eine Art von Freiheit genießen, die ich sehr bewundere.

Und es ist ein Ort für Menschen wie mich, die das Leben im Jetzt in unterschiedlichen Welten genießen können: in einer besonders schönen Atmosphäre, genauso wie im Alltag, abseits von teuren Yachten und mit Menschen, die sich vieles nicht leisten können.

Rückblickend weiß ich, dass diese 14 Tage alleine in El Gouna eine Art Test waren, ohne mir dessen damals bewusst zu sein. Noch nie hatte ich mir am Ende eines Urlaubs meinen Rückflug so bewusst bestätigen lassen. Am 3. Januar 2017 habe ich auf Facebook folgendes gepostet:

Noch nie habe ich so bewusst einen Rückflug bestätigen lassen. Ich könnte mich auch anders entscheiden. Beide, Kopf und Herz, sind mit dieser Entscheidung einverstanden. Beide geben

mir aber zu verstehen, nicht wieder ein halbes Jahr zu warten,
um zurückzukehren ... und wie Recht sie haben!

Ich hatte den Test bestanden. Mein State of Mind war für
ein Leben hier auf dem afrikanischen Kontinent bereit.

Ein bewusstes Leben ist ein dankbares Leben

Vielleicht liegt es daran, dass ich schon im Alter von 30
Jahren Witwe geworden bin, vielleicht liegt es auch daran, dass ich in meiner langjährigen Beziehung danach
erfahren durfte, was es heißt, eine Prostatakrebsdiagnose
zu erhalten, auch wenn die Behandlung erfolgreich war.

Und vielleicht liegt es auch daran, dass man mir selbst
eine seltene und kaum heilbare Hautkrankheit diagnostiziert hatte, die sich einige Wochen später glücklicherwei-
se als Fehldiagnose herausgestellt hat.

Ja, vielleicht sind das alles Gründe, warum es mir leicht
fällt, mein Leben sehr bewusst zu leben und jeden Tag
dafür dankbar zu sein.

Aber muss es denn immer erst eine Krebserkrankung
oder ein Herzinfarkt sein, damit Menschen ihr Leben bewusster leben und mehr zu schätzen wissen?

Ich gehe davon aus, du willst dir diese Lebenserfahrung
ersparen und eine Abkürzung nehmen. Den Umweg über
eine „Nahtoderfahrung" zu gehen, mag für manche die
einzige Möglichkeit sein, das Leben endlich anders und
bewusster zu gestalten. Doch für dich darf es viele andere Möglichkeiten geben und ich hoffe, du siehst das auch

so. Jeder von uns darf sich seine Träume, Wünsche und Ziele erfüllen, ohne davor Umwege über eine Krankheit zu gehen.

Es klingt so einfach, wie es ist:

> *Bewusst leben heißt, sich darüber bewusst zu sein, was man sagt, denkt, fühlt und tut.*

Mir meinen großen Traum vom Leben auf dem afrikanischen Kontinent zu erfüllen, war eine sehr bewusste Entscheidung. Ich hatte meinen besten Freund gebeten, mir alle Bedenken, die ihm einfallen, aufzuzählen. Er tat es nicht mit dem Ziel, mir meinen Traum auszureden, sondern damit ich mir über alles bewusst sein konnte. Und ich hatte auf jede seiner Bedenken eine mir bewusstmachende Antwort.

Wenn du deine Werte, deine Glaubenssätze kennst, wenn dein Diamant zu leuchten beginnt, dann hast du dich auch schon bewusst entschieden, wie und womit du deine wertvolle Lebenszeit verbringen möchtest. Du bist viel weiter als die meisten Menschen.

Bewusst leben im Alltag

Vieles läuft im Alltag unbewusst ab. Sei dir bewusst, was und wie oft du am Tag etwas für deine Träume und Ziele tust. Sei dir bewusst, wie viel Zeit du vor dem Fernseher, am Computer und am Handy mit Dingen verlierst, die nicht zur Steigerung deiner Lebensqualität beitragen.

Schaltest du bewusst den Fernseher ein, weil du bewusst eine interessante Sendung ausgewählt hast? Schaltest du bewusst den Computer ein, weil du ganz gezielt an etwas arbeiten möchtest? Benutzt du ganz bewusst dein Handy, um dir und anderen den Tag mit Gesprächen oder Nachrichten schöner und reicher zu machen?

Etwas bewusst zu tun, gibt dem Sein und Tun eine ganz neue Qualität. Ja, auch und besonders im Umgang mit Alltäglichem. Entscheidest du dich, weiterhin nur im Autopilot unterwegs zu sein, ist die Gefahr groß, dass deine limitierenden Glaubenssätze alles tun werden, damit dein Diamant so wenig wie möglich zum Strahlen kommt.

Ich weiß, im Autopilot unterwegs zu sein, ist die scheinbar bequemere Art und Weise zu leben.

Aber eben nur scheinbar. Denn auch wenn es jetzt arrogant klingen mag, ich finde es viel bequemer, jeden Tag im Meer schwimmen zu können und kein Auto benutzen zu müssen.

Ich brauche in manchen Monaten nicht mal aus der Wohnung zu gehen, um einen Sonnenaufgang zu genießen. Ich kann ihn ganz bequem von meinem Wohnzimmer aus beobachten. Diese Art von Bequemlichkeit habe ich nicht erreicht, weil ich stundenlang vor dem Fernseher gesessen und auch nicht, weil ich mir das Jammern über Arbeit, Kinder, Mann und über das Leben so mancher Mitmenschen angehört habe.

Bewusst zu leben kann auch die Konsequenz haben, sich seltener mit Menschen zu treffen, die einem Zeit und Energie rauben. Bei Menschen, die mehr über andere reden (meistens nicht positiv), die oft jammern, wie schlecht es das Leben mit ihnen meint, vermisse ich fast immer eines: Dankbarkeit.

Dankbar sein im Alltag

Wenn du dir bewusst bist, dass du jeden Tag ohne fremde Hilfe aufstehen kannst, weil du gesunde Beine und Arme hast, wirst du jeden Tag auch dankbar für deinen gesunden und beweglichen Körper sein, mit dem du ohne Einschränkung in einen neuen Tag starten kannst.

Wir dürfen für so viel mehr im Leben dankbar sein: für ein Dach über dem Kopf, für regelmäßiges Essen und Trinken, für einen Lebensstandard, den sich viele andere Menschen wünschen, für ein Leben an einem Ort ohne Kriegsalltag und und und …

Als ich noch in Anif bei Salzburg gelebt habe, bin ich regelmäßig meine Dankbarkeitsrunde gegangen. Anif ist ein wunderschönes Dorf mit vielen Spazierwegen durch Wiesen, Felder und Wälder. Wenn ich diese Runden ganz bewusst gegangen bin, dann habe ich versucht, alles um mich herum intensiv wahrzunehmen.

Die Farben der Bäume, Wiesen, Felder und Berge und auch die Farben des Himmels erschienen je nach Tageszeit und Tageslicht unterschiedlich getönt. Oft war es nur eine kleine Nuance, die den Unterschied zum Vortag ausmachte. Immer wieder habe ich Feldhasen, manchmal auch das eine oder andere Reh entdeckt und große Raubvögel. Wenn die großen Weißkopfgeier vom Zoo Hellbrunn über den Untersberg zu kreisen begannen, blieb ich oft stehen und beobachtete einen Moment lang ihren Flug in fast über tausend Meter Höhe.

Immer wieder einmal bin ich auch auf einen der Hochsitze geklettert und habe mir meinen Weg von oben, aus einer anderen Perspektive angesehen. Aus einem anderen Betrachtungswinkel wurde es mir möglich, auch auf viele andere Dinge meines Lebens eine andere Sichtweise zu bekommen.

Auch auf meine limitierenden Glaubenssätze und deren Konsequenzen, die mich damals noch abhielten, mir meinen großen Traum vom Leben auf dem afrikanischen Kontinent zu erfüllen.

Dieses bewusste Wahrnehmen meiner Umgebung, meiner Gedanken und Gefühle im Hier und Jetzt hat mich beseelt. Ich habe diese Dankbarkeitsrunden geliebt und genossen.

Eine tiefe innere Zufriedenheit hat sich breitgemacht, ein innerer Frieden war für mich spür- und erlebbar.

Am Ende meiner Dankbarkeitsrunde bin ich oft über den Anifer Friedhof gegangen. Um die Kirche herum sind die Gräber besonders schön gepflegt. Außer Herbert von Karajan, der hier seine letzte Ruhe fand, kannte ich niemanden. Es war für mich der richtige Ort, mir dann leise und innig für mein Leben zu danken.

Mit jeder weiteren Dankbarkeitsrunde spürte ich, dass ich mehr und mehr selbstbestimmt wurde. Denn mir wurde immer bewusster, wer ich bin, was mich ausmacht und was ich alles kann und in Zukunft noch können werde.

Sei für drei Dinge bereit, die auch dein Leben um ein Vielfaches zufriedener und dankbarer machen können:

- Sei dir bewusst darüber, was du täglich denkst, fühlst und tust.

- Lebe so oft wie möglich im Hier und Jetzt und ritualisiere diese Momente.

- Triff bewusst Entscheidungen, die dir gut tun.

Bewusst und auch genuss- und lustvoll leben und lieben, als wäre es nur mehr heute möglich. Ja, es gelingt vielleicht nicht jeden Tag. Aber wenn du dafür bereit bist und dich dafür entscheidest, gelingt es immer öfter, wird immer intensiver und immer schöner …

Genussräuber Nr. 1: Der Sorgenmacher

Macht sich deine Mutter keine Sorgen um dich? Das werde ich oft gefragt. Ich bin zwar keine zwanzig mehr, doch die Frage scheint berechtigt, wenn eine Tochter mit blonden Haaren alleine in ein arabisches Land auswandert, egal in welchem Alter.

Meine Mutter und ich haben zum Sorgenmachen ein ganz besonderes Verhältnis – nämlich keines! Und das habe ich in jungen Jahren gar nicht zu schätzen gewusst.

Sie weiß, ich lebe hier am Roten Meer meinen großen Traum, arbeite an der Umsetzung meiner weiteren Träume im großen Traum, tue selbst nichts und lasse auch nichts mit mir machen, was mir nicht gut tut.

Sie weiß, ich vertraue darauf, dass die Strahlkraft meines Diamanten nicht nachlässt und dass ich dafür viel tue.

Und sie weiß vor allem eines: Ich kann schaffen, was ich will!

Sie war es, die mir als Kind nicht nur bei schulischen Herausforderungen den folgenden Satz immer wieder gesagt hat:

Wenn du willst, schaffst du das!

Ganz ehrlich – ich habe diesen Satz als Kind gehasst. Er hat mich gefordert. Mich jammernd dem schulischen Schicksal hinzugeben, wurde nicht akzeptiert. Anders wäre es für mich viel bequemer gewesen. Heute bin ich sehr dankbar, dass ich nie zum Jammern motiviert wurde, dafür immer zum Bewältigen von Herausforderungen.

Sorgenmachen ist kein Liebesbeweis!

Kann eine Mutter, die sich keine Sorgen macht, denn wirklich eine gute Mutter sein?

Ich antworte mit: JA! Meine Mutter und ich, wir sind wohl der beste Beweis dafür.

Bereits bei meinem ersten Skikurs im Alter von 13 Jahren habe ich mich eine ganze Woche lang nicht zu Hause gemeldet. Erst am letzten Tag habe ich meine Eltern angerufen, um sicher zu gehen, dass ich rechtzeitig bei der Rückkehr von meinem Vater abgeholt werde. Ein Jahr später beim nächsten Skikurs das gleiche.

Zwei Jahre später, bei der ersten Reise ins Ausland, habe ich kurz angerufen, dass ich gut in England angekommen bin. Das nächste Lebenszeichen gab es dann von mir, um den Abholzeitpunkt für das Nachhausekommen festzulegen. Später, als ich fast jeden Urlaub im Ausland verbrachte, wussten meine Eltern ganz genau, dass alles in Ordnung war, wenn ich mich nicht meldete. Und so war es auch immer. Nur in dem Jahr, als mein Vater starb, habe ich meine Mama aus dem Urlaub in Kroatien ein paarmal angerufen. Das hat für uns beide gut gepasst, und es war für mich absolut kein „Muss".

Heute, wenn sich meine Mama zwei oder auch drei Tage mal nicht via Whatsapp-Nachricht bei mir meldet, weiß ich, ich brauche mir auch keine Sorgen zu machen. Wäre etwas passiert, hätte sich mein Bruder längst bei mir gemeldet. Ich versorge sie trotzdem mit Fotos von wunderschönen Sonnenaufgängen und Nachrichten, in denen ich ihr von meinem Alltag berichte. Und natürlich auch, wie es mir mit der Umsetzung meiner weiteren Träume geht. Es gibt zwischen uns keine Vorhaltungen, wenn wir nicht jeden Tag etwas voneinander hören.

Erst vor ein paar Jahren ist mir richtig bewusst geworden, wie sehr meine Mama mir meinen Freiraum schon in jungen Jahren gelassen hat. Und daran hat sich bis heute nichts geändert. Mein Bruder braucht diese Art des Freiraums nicht. Wie großartig ist es, wenn eine Mutter ihren Kindern genau das geben kann, was sie brauchen, auch wenn beide ganz Unterschiedliches „brauchen".

Es ist ein großer Irrtum zu glauben, je größer die Sorgen einer Mutter sind, desto größer ist ihre Liebe! Wenn es so wäre, dann würde mich meine Mutter nicht lieben und ich sie auch nicht. Doch das Gegenteil ist der Fall. Sie traut mir unglaublich viel zu. Ist das nicht ein wunderschöner und vielleicht sogar der schönste Liebesbeweis?

Sorgenmachen kostet Lebenszeit!

Das Sorgenmachen nimmt so viel an kostbarer Lebenszeit in Anspruch. Und es ist wie mit dem schlechten Gewissen. Ob du dir Sorgen machst oder nicht, es ändert nichts an der Situation. Und du brauchst kein schlechtes Gewissen zu haben, wenn du dir keine Sorgen machst.

Im Gegenteil! Sorgen sind nichts anderes als Horrorfilme in deinem Kopfkino! Und so kannst du auch entscheiden, ob du weiter regelmäßig den Preis für diese Eintrittskarten in eine wenig entspannte zweite Lebenshälfte zahlen möchtest, die dir die wertvollen genussvollen Momente deines Lebens rauben.

Sich Sorgen machen und gleichzeitig das Leben im Hier und Jetzt genießen, ja, das funktioniert nicht wirklich gut.

Sorgen rauben dir die Sicherheit!

Mit Sorgen im Kopf lassen sich auch keine Träume umsetzen. Sorgen rauben dir deine Sicherheit, fest an die Umsetzung deiner Träume und Ziele zu glauben.

Ein Vogel hat niemals Angst davor,
dass der Ast unter ihm brechen könnte.
Nicht weil er dem Ast vertraut,
sondern seinen eigenen Flügeln.

Ich habe in meinem Leben so vieles gelernt, bin ausgebildete Grundschullehrerin, war leitende Buchhändlerin, Außendienstmitarbeiterin, Marketingbereichsleiterin, Vertriebsleiterin, bin NLP und Hypnose Coach, bin Divemaster, kann Schreiben und Fotografieren – warum sollte ich mir denn 3000 km weit entfernt Sorgen machen, was sein könnte, falls ich mich als Lehrerin überraschend doch nicht geeignet sehen würde?

Es wären auch tatsächlich unnötige Sorgen gewesen, die ich mir hätte machen können, wenn ich nicht davon überzeugt gewesen wäre, dass Sorgenmachen eine komplett unnötige „Erfindung" ist! Mittlerweile habe ich schon drei durchaus interessante und unterschiedliche Jobangebote erhalten und alle dankend abgelehnt. Nicht nur, weil ich mich an meinen Vertrag halte, sondern weil ich meinen „Mäusen" das Lesen, Schreiben und Rechnen auf meine Art und Weise gut beibringen möchte. Das ist zu meiner Herzensangelegenheit geworden.

Sorgenfrei und vertrauensvoll

Selbst wenn ich nur die Hälfte an unterschiedlicher Berufserfahrung hier nach Ägypten mitgebracht hätte, auch dann wären meine Flügel stark genug, um abheben zu können und wieder auf einem anderen Ast zu landen.

Warum ich das mit einer solchen Überzeugung schreiben kann? Weil ich endlich mit 40plus erkannt habe, was alles in mir steckt und ich mich selbst nicht (mehr) klein sehe.

Ich bin nicht alleine „draufgekommen" – andere Menschen haben mich auf meine vielseitigen Fähigkeiten aufmerksam gemacht und mir Vertrauen geschenkt. Sie haben mir gezeigt, wie ich mir selbst vertrauen und vieles zutrauen kann. Das ist das Schöne daran, Coach zu sein, das Schöne auch am Schreiben eines Buches: alles das weitergeben zu können, an dich weitergeben zu können.

Wenn du dir das nächste Mal Sorgen machst, dann frage dich mal ganz ehrlich, warum?

Traust du der Person nicht zu, dass sie eine bestimmte Situation bewältigen kann? Was könntest du dieser Person außer deinen Sorgen anderes geben, damit sie das schafft, woran du anscheinend zweifelst?

Dein Diamant hat dir gezeigt, welche Fähigkeiten und Fertigkeiten du schon hast und welche du noch brauchst. Wenn du an deine Fähigkeiten glaubst, die du jetzt schon hast und auch an jene, die du dir noch aneignen wirst, dann tun das auch andere.

Sei dir deiner Fähigkeiten immer bewusst, vertraue ihnen voll und ganz und sei stolz auf sie. Es ist ein wahrer Genuss, sie ohne Sorgen auszuleben. Wenn du möchtest, kannst du das „überall" auf dieser Welt tun … Denn jeder Vogel wurde zum Fliegen geboren.

Genussräuber Nr. 2: Der Ärgermacher

Mit Ärger im Kopf lassen sich Träume weder gut umsetzen noch gut leben. Und er ist ebenfalls ein großer Genussräuber. Vom Tag der Zusage der Deutschen Schule in Hurghada, dort als Grundschullehrerin arbeiten zu können, bis zum Tag meines Abfluges aus Österreich ohne

Rückflugticket hatte ich genau drei Monate Zeit für die Vorbereitungen, die für ein Auswandern notwendig sind.

Für eine Arbeitsgenehmigung als Lehrerin in Ägypten brauchte ich eine mehrfach beglaubigte arabische Übersetzung des Nachweises meines erfolgreichen Studienabschlusses. Das bedeutete intensive Zusammenarbeit mit den Ämtern verschiedener Ministerien. Damit wäre Ärger vorprogrammiert gewesen, hätte ich ihn angenommen.

Den Ärger nicht anzunehmen bei all den Vorbereitungen, die ein Auswandern nötig macht, ist vor allem dann leicht, wenn der Umsetzungsplan genügend Zeitpuffer vorsieht. Mein Zeitplan hatte diesen ausreichend berücksichtigt. So konnte ich sowohl fokussiert, als auch gelassen und humorvoll mit allem umgehen, sogar mit den Menschen im österreichischem Bildungsministerium. Es war mir klar, dass mein Verständnis von Dringlichkeit ein anderes ist als das Verständnis derjenigen Menschen, die noch nie darüber nachgedacht hatten, was es für sie bedeuten könnte, sich einen großen Traum zu erfüllen.

Ärger ist purer Energieverlust

Wenn du beginnst, dir keine Sorgen mehr zu machen, wird es dir auch leicht möglich sein, dich kaum noch zu ärgern. Es ist ähnlich wie mit den Sorgen: Meistens ärgern sich Menschen doch über die Dinge, die schon passiert sind und auf die sie keinen Einfluss mehr haben. Wir können uns in keine Zeitmaschine setzen und das, was schlecht gelaufen ist und Ärger hervorrufen könnte, nochmals anders machen (lassen).

Wir würden unsere Energie in eine nicht veränderbare Vergangenheit verschwenden und uns mit Ärgern im Jetzt unwohl fühlen. Und das Ganze „zelebrieren" wir dann vielleicht noch, um voller Sorge in die Zukunft zu blicken!

Ich nehme an, du spürst auch, dass das keine besonders schlaue Vorgehensweise ist.

Dass ich hier in einem arabischen Land meinen großen Traum genussvoll leben kann, ist deshalb möglich, weil ich die beiden Genussräuber Sorgen und Ärger aus meinem Leben verbannt habe.

In Ägypten läuft im täglichen Leben vieles anders und nicht rund. Im Sommer sind Stromausfälle mehr die Regel als die Ausnahme. Zeitliche Vereinbarungen sind nicht so ernst zu nehmen wie in Europa und Worte klingen hier (auch aufgrund der blumigen arabischen Sprache) viel schöner als in Europa. Das betrifft Komplimente ebenso wie private oder berufliche Vereinbarungen. Diese finden sich selten im sofortigen Tun wieder.

Auch im Schulalltag hier in Ägypten liegt Ärger in der Luft. Ich war von Anfang an nicht bereit, die Mischung Sauerstoff / Ärger zum Atmen zu verwenden. Immer wieder gibt es technische Defekte, die meistens den Drucker und Kopierer betreffen. Das hat auch einen Vorteil: ich drucke Tests, Schularbeiten etc. immer schon ein paar Tage vorher aus, bevor ich sie tatsächlich brauche.

Und natürlich gibt es auch Ärger mit Kindern bzw. mit Jugendlichen. Das respektlose Verhalten vieler Jugendlicher, die aus „neureichen" Familien stammen, verwundert mich immer wieder, auch, dass dieses Verhalten meist ohne Konsequenzen akzeptiert wird. Ich unterrichte zum Glück nur in der Grundschule. Zwar ist das Verhalten dort auch nicht so, wie ich es mir von meinen eigenen Kindern wünschen würde, doch immerhin besser.

Als Klassenlehrerin meiner eigenen Klasse habe ich großes Glück, mit den Kindern genauso wie mit den Eltern. Aber vielleicht auch deshalb, weil ich beim ersten Elternabend ganz klar meine Vorstellungen und Ansichten als Lehrerin und Coach kundgetan habe. Ein klares Statement kann Ärger verhindern und gute Energie freisetzen.

Ärgerlos bedeutet nicht verantwortungslos

Es gab Zeiten in meinem Leben, da habe ich mich über viele Dinge aufgeregt und auch geärgert. Doch irgendwann hatte ich endlich begriffen, dass ich auch ohne mich zu ärgern eine verantwortungsvolle Mitarbeiterin wie Führungskraft war. Da bin ich viel erfolgreicher geworden, und das Arbeiten machte mir noch viel mehr Freude.

Es macht daher keinen Sinn zu glauben, du nimmst die Arbeit, deine Mitmenschen und dich selbst weniger ernst, wenn du dich nicht mehr über Unzulänglichkeiten ärgerst. Du glaubst, du bist ein besonders verantwortungsvoller Mensch, wenn du dich auch über Fehler anderer und deine eigenen Fehler ärgerst? Nein, das bist du nicht!

Du bist ein wesentlich verantwortungsvollerer Mensch, ohne dich zu ärgern. Du lebst damit vor, dass du deine Verantwortung deiner eigenen Gesundheit und dir selbst gegenüber sehr ernst nimmst.

Das Denken in Lösungen (und nicht in Problemen) ist sehr hilfreich, wenn du noch dazu neigst, dich leicht und viel zu ärgern. Natürlich schüttle auch ich manchmal über Dinge, die nicht funktionieren, den Kopf. Doch im nächsten Moment denke ich darüber nach, welche Lösung das verursachte Problem nun erfordert. Damit liegt der Fokus sofort auf der Behebung des entstandenen Problems und nicht auf einer Problemvertiefung, die den Ärger immer größer werden lässt.

Das Denken in Lösungen ermöglicht es, den Problemverursacher nicht zu verurteilen. Es wird damit viel leichter, darüber nachzudenken, welche Maßnahmen zu ergreifen sind, damit sich das Ganze nicht wiederholt oder vermieden werden kann.

Als ich das erste Mal vor einem defekten Kopierer stand und auch der zweite Kopierer der Schule am selben Tag nicht funktionieren wollte, wusste ich, dass ich besonders wichtige Unterlagen mindestens zwei Tage früher fertig haben sollte. Ich denke, das ist sehr verantwortungsvoll.

Selbstbestimmt gegen den Ärger entscheiden

Ein Leben zu führen, in dem du deine Werte ganz genau kennst, bedeutet, ein selbstbestimmtes Leben zu führen. Ich hatte mal einen Job als Buchhändlerin an einem Ort und mit Menschen, über die ich mich täglich hätte ärgern können. Damals habe ich gelernt: Wir haben im Leben immer drei Möglichkeiten, uns zu entscheiden:

1. Wir akzeptieren eine bestimmte Situation so, wie sie ist und lassen uns nicht ärgern.

2. Wir akzeptieren eine bestimmte Situation, die uns immer wieder ärgert, und beginnen unsere Einstellung dazu zu verändern (um uns nicht mehr zu ärgern).

3. Wenn sich diese beiden Möglichkeiten für uns nicht richtig anfühlen, dann sollten wir uns aus der Situation komplett herausnehmen.

Ich habe mich damals für die dritte Möglichkeit entschieden und nach drei Monaten wieder gekündigt. Das war eine sehr gute Entscheidung.

Viele Menschen sehen für sich keine Alternative zur ersten Möglichkeit, und das ist sehr schade. Denn Ärger schadet unserer Gesundheit und wir vermiesen uns selbst ein Leben, das wir viel genuss- und lustvoller leben können.

Ärger und Sorgen sind nicht nur Genussräuber, sie sind auch Energieräuber. Zur Kunst, sich seine Träume zu erfüllen und seine Ziele zu erreichen, gehört auch der achtsame Umgang mit der eigenen Energie. In Planung und Umsetzung ist viel Energie nötig. Dein Diamant schenkt dir diese Energie. Vergeude sie daher nicht mit Ärger und Sorgen, sondern setze sie bewusst mit dem Denken in Lösungen ein.

Belohne dich täglich!

Viele Menschen haben sich gewundert und konnten es fast nicht glauben, mit welcher Ruhe und Gelassenheit ich meine Auswanderung in nur drei Monaten vorbereitet habe. Ich habe meine Arbeit als Vertriebsleiterin bis zum letzten Arbeitstag gewissenhaft gemacht. Es war auch nie nötig, einen Krankenstand vorzutäuschen, um mehr Zeit für das Auflösen meiner Wohnung oder für sonstiges zu haben.

Im Gegenteil, ich habe mich sogar belohnt: für jeden noch so kleinen Erfolg und für jede noch so kleine bewältigte Herausforderung. Und das tue ich bis heute. Darin habe ich schon seit langer Zeit Übung. Während der Vorbereitungen für meinen Blogstart, während meiner Ausbildung zum Coach und natürlich auch, während ich dieses Buch schrieb, habe ich mich immer für ein erreichtes Etappenziel belohnt. Manchmal mit einem Stück köstlicher Himbeertorte, manchmal mit einem guten Essen in einem besonderen Restaurant, manchmal mit einer bewussten Auszeit, um das herrliche Panorama zu genießen, für ein bis zwei Stunden am Gaisberg, dem Hausberg der Salzburger.

In Ägypten belohne ich mich meist mit einem guten Fischgericht in einem der vielen Restaurants hier in Hurghada oder in El Gouna. Oder ich gönne mir einen echt guten Cappuccino bei einem der echten Italiener, die es auch hier in Hurhgada gibt.

Dein Diamant zeigt dir, was du noch an Fähigkeiten und Wissen brauchst, um dir deinen Traum, deine Wünsche zu erfüllen und dein Ziel zu erreichen. Was immer du dir vornimmst, belohne dich gerade am Anfang auch für den scheinbar noch so kleinsten Fortschritt. Belohne dich regelmäßig, wenn du etwas gut gemacht hast. Belohne dich nicht erst, wenn andere Menschen etwas gut finden, was du getan hast. Belohne dich, wenn du findest, dass es schön ist, dich jetzt zu belohnen.

Warum ist das Belohnen so wichtig?

Wenn du dich regelmäßig belohnst, wirst du dich regelmäßig gut fühlen. Wenn du dich regelmäßig gut fühlst, wird dir jede weitere Herausforderung gut gelingen, weil du das Gelingen mehr und mehr mit genussvollen und schönen Momenten verknüpfst. Du wirst mehr und mehr von diesem angenehmen Gefühl spüren wollen, und dein Denken ist automatisch auf das Gelingen ausgerichtet.

Wenn ich mit Menschen darüber spreche und sie dazu ermutige, dann höre ich oft ein „Ja, aber ich kann mir nicht auch noch dafür die Zeit nehmen!". Und ich antworte dann immer: „Oh doch, das kannst du!"

Diese Zeit ist nämlich unglaublich wertvoll. Genau diese Momente sind es, die dir Kraft, Energie, Selbstvertrauen und Selbstbewusstsein geben. Das alles brauchst du, um große Träume zu verwirklichen und dein großes Ziel in deinem Diamanten zu erreichen.

Wenn du dir selbst wert bist, diese Zeit in dich und deine Träume und Ziele zu investieren, dann passiert noch eines: Du gibst dem Zweifel, es nicht zu schaffen, keine Chance mehr. Er verschwindet aus deinem Leben und das für immer.

Übrigens bin ich am 31. Juli 2017 (meinem letzten offiziellen Arbeitstag) nach Amsterdam geflogen, habe dort nach Mitternacht, also am 1. August 2017, den Beginn meines neuen Lebens gefeiert, um von dort dann ein paar Tage auf einem Flusskreuzfahrtschiff zu verbringen. Ich habe es genossen, das erste Mal in meinem Leben auf einem Schiff durch Holland mit seinen Windmühlen zu reisen.

Danach hat mich meine Mutter noch in der fast schon lee-
ren Wohnung besucht und ich habe mit ihr gemeinsam
meine letzten Tage in Salzburg bewusst genossen, bevor
ich am 11. August 2017 Österreich verließ.

Ich hoffe, du spürst mehr und mehr, wie viel Einfluss du
auf dich selbst hast. Du hast dein Leben in deiner Hand.
Du kannst ein Leben ohne Sorgen und Ärger führen,
wenn du bewusst dein Leben zu leben beginnst. Dieses
Bewusstsein wird dich jeden Tag dankbar(er) sein lassen.

„Nicht die Glücklichen sind dankbar.
Es sind die Dankbaren, die glücklich sind."
(Francis Bacon, 1909-1991)

Vom Träumen und Großdenken

Story „Der Traum von einer Wohnung mit Meerblick"

Fünf Wochen nach meiner Einwanderung habe ich meinen ersten Sonnenaufgang am Strand der Esplanada, einer wunderschön gepflegten Wohnanlage hier in Hurghada, genossen.

Als ich vier Monate vorher schon einmal hier war und mir meinen zukünftigen Arbeitsplatz an der Deutschen Schule angesehen hatte, habe ich mich bereits etwas umgesehen und nachgefragt, wo ich hier in Hurghada gut und schön wohnen könnte. Ein Freund hat mir die Anlage der Esplanada, die sieben Gehminuten von der Schule entfernt liegt, gezeigt.

Ich wusste dann: Wenn ich Österreich verlasse und meine wunderschön gelegene Wohnung in Anif aufgebe, dann möchte ich unbedingt eine Wohnung mit Meerblick haben.

Menschen aus dem unmittelbaren Umfeld der Schule, die schon länger hier leben, sagten mir, dass das mit meinem zur Verfügung stehenden Budget bestimmt nicht möglich sein würde. Ich bin ja ein Mensch, der immer wieder sagt, wir sollen vertrauen, und so vertraute ich auch. In diesem Fall aber „nur" mir. Ich habe auf mein Bauchgefühl vertraut und wusste, ich werde noch andere Menschen fragen. Das habe ich getan. Ich habe Ägypter gefragt, ob es wirklich nicht möglich ist, hier mit meinem Budget eine Wohnung zu finden. Sie antworteten: Doch, das müsste möglich sein.

Ich habe mich entschieden, mir und diesen Menschen zu vertrauen, die etwas für möglich hielten, was andere nicht taten. Ich habe nicht gleich nach der ersten Besichtigung eine für mich passende Wohnung in der Esplanada gefunden. Der verantwortliche Mitarbeiter im Office der Wohnanlage hat mir zuerst eine Wohnung gezeigt, die ich mir nicht leisten konnte. Die zweite war eine, die mir nicht gefallen hat.

Danach erzählte ich ihm von meinem Traum, von einer Wohnung mit Blick auf das Rote Meer und wie sehr ich mir das wünsche. Er hat mir versprochen, weiter zu überlegen, ob ihm noch ein Vermieter einfällt, der mir die Wohnung für mein Budget vermieten kann. Und zwei Tage später war es dann so weit. Ich bekam erneut einen Anruf, habe mir die dritte Wohnung noch am selben Tag angesehen und ja, sie war fast perfekt für mich.

Wenn mir jemand sagt, es ist etwas nicht möglich, dann glaube ich das nicht mehr. Ich glaube daran, dass es andere und weitere Möglichkeiten gibt. Ich glaube auch daran, dass Menschen fühlen, wenn wir uns etwas sehnlichst wünschen. Und dann beginnt das Gesetz der Anziehung zu wirken. Davon bin ich überzeugt. Es ist das, was ich in den letzten Monaten immer wieder erlebt habe.

Wenn ich das erlebe, dann kannst auch du das erleben! Das einzige, was du dafür tun „musst"?

> *Glaube ganz fest an das,*
> *was du dir wünschst und dir erträumst!*

Scheinbar Unmögliches wird möglich

Es ist nun schon ein paar Jahre her und doch kann ich mich ganz genau erinnern. Ich saß im Auto und fuhr von Salzburg nach Linz zur Arbeit. Es war ein warmer Morgen an einem schönen Sommertag, und ich fuhr wie immer in der Frühe der Sonne entgegen.

Ich hörte die Sprachnachricht eines Erfolgscoaches ab, mit dem ich seit ein paar Monaten befreundet war. Er sagte in dieser Nachricht, ich sei ein „Highpotential" und solle meine Zeit nicht mehr mit einem Job im Vertrieb vergeuden. Und ich solle lieber für mich selbst statt für andere arbeiten.

> *Das geht und will ich nicht!*
> *Das kann ich auch nicht!*
> *Dazu bin ich doch schon zu alt.*

Ja, das waren meine ersten Gedanken, noch bevor seine Sprachnachricht zu Ende war. Und seine Nachricht hat mich damals auch noch geärgert.

Ich habe mich deshalb geärgert, weil ich in dieser Nachricht den Respekt für das, was ich täglich leiste und für das, was ich mir in meinem Leben erarbeitet habe, vermisste. Ich war stolz auf mich und wollte mir diesen Stolz nicht nehmen lassen. Ich habe mich nicht von einer arbeitslosen Junglehrerin und einem Buchhandelslehrling zu einer erfolgreichen Vertriebsleiterin hochgeschlafen. Ich habe mir das aus eigener Kraft ermöglicht und war nicht bereit, zu akzeptieren, dass das jemand scheinbar schlecht macht. So hatte ich es damals empfunden.

Als ich drei Jahre später tatsächlich meinen Job als Vertriebsleiterin gekündigt habe, wusste ich längst, dass es nicht seine Absicht war, mich, meine Vergangenheit und das, was ich mir erarbeitet hatte, schlecht zu machen. Es war seine Absicht, mich brutal aufzurütteln – und das ist ihm auch gelungen. Jedoch nicht gleich. Meine damals noch limitierenden Glaubenssätze, von denen ich zuvor noch nie etwas gehört hatte, blockten jeglichen Gedanken ab, auch nur im Ansatz ernsthaft in Erwägung zu ziehen, meinen Job als Vertriebsleiterin aufzugeben.

Wenn der Verstand stur bleibt und das Herz weich wird

Da hat jemand eine Idee und sagt zu dir: „Hey, das wäre doch was für dich!" Im ersten Moment bist du überrascht, für eine Millisekunde fühlst du dich sogar geehrt. Eine Millisekunde ist kaum wahrnehmbar und daher sofort wieder raus aus dem Gedächtnis.

Die Vernunftstimme ist dafür sofort zur Stelle und sagt: „Auf keinen Fall! Wie kommst du auf die Idee, dass ich das tun könnte? Ich habe das ja noch nie gemacht und ich habe das auch nie gelernt!"

Das könnte dich doch auch ärgern und du denkst dir: „Der hat ja überhaupt keine Ahnung! Wenn er eine hätte, wüsste er ja, was man alles dafür braucht und würde bestimmt nicht mich fragen! Ich blamiere mich doch nicht!"

Es fühlt sich so gut an, sich selbst Recht zu geben. Ich war tatsächlich mal richtig gut darin, mir auf diese Weise Recht zu geben.

Den Verstand einer „sturen" Widder-Frau hatte der Erfolgscoach nicht so schnell aufrütteln können, mein Herz hingegen hatte er berührt.

Irgendwann wurde die Stimme der Vernunft jedoch heiser. Die sonst laute, selbstbewusste Stimme wurde leise, sehr leise und war manchmal sogar kaum mehr hörbar …

„Schuld" war mein Herz. Es begann schneller und intensiver zu klopfen. Ich wusste zuerst gar nicht, wozu und wofür überhaupt. Eine neue innere angenehme Stimme flüsterte mir zu: „Vertrau auf dein Herz und dein Bauchgefühl …"

Es erschien mir nicht logisch, dieser Stimme zu vertrauen, fühlte sich aber einfach nur gut an.

So begann ich mir zuzutrauen, mir ernsthaft Fragen zu stellen und diese auch brutal ehrlich zu beantworten. Ich begann, mich mit meinen limitierenden Glaubenssätzen zu beschäftigen, mit all dem, worüber ich in diesem Buch bereits geschrieben habe und wozu ich auch dich einladen möchte.

Vieles scheinbar Unmögliche wurde seitdem möglich:

- Ich habe meinen Blog www.40pluscoach.com gestartet, obwohl ich glaubte, gar kein Verständnis von Technik zu haben.

- Mir wurde ermöglicht, meine Arbeitszeit im größten Österreichischen Bildungsverlag zu reduzieren, und das als Vertriebsleiterin!

- Ich konnte mich dadurch als NLP und Hypnose Coach ausbilden lassen, und das während meiner anspruchsvollen Tätigkeit im Vertrieb.

- Ich wurde bereit dazu, mir meinen großen Traum vom Leben auf dem afrikanischen Kontinent zu erfüllen, obwohl es so viele scheinbare „Ja aber" dafür gegeben hatte.

- Ich bekam einen Job als Grundschullehrkraft 3000 km weit entfernt, obwohl ich diesen Beruf nie zuvor ausgeübt hatte und meine Ausbildung dafür über 20 Jahre her war.

- Und ich habe tatsächlich mit 40plus5 alleine ein neues Leben begonnen, als emanzipierte Frau in einem arabischen Land.

- Ich habe mir meinen Traum vom ersten eigenen Buch erfüllt, und das neben meiner Tätigkeit als Lehrerin mit 29 Unterrichtsstunden in der Woche.

- Ich lebe direkt am Meer, genieße fast jeden Tag einen wunderschönen Sonnenaufgang, gehe danach schwimmen und genieße ein erfülltes, dankbares, zufriedenes und glückliches Leben.

Ich habe noch viel mehr scheinbar Unmögliches in meinem Leben vor. Bei manchen Dingen weiß ich jetzt noch nicht, wie ich sie umsetzen kann. Doch das muss ich jetzt auch noch nicht wissen. Ich vertraue mir, meinen bewussten wie noch unbewussten, aber erlernbaren Fähigkeiten und dem Gesetz der Anziehung.

Ja, scheinbar Unmögliches ist möglich!

Wenn du bereit bist, an dich und deine Fähigkeiten und an all das, was du noch lernen kannst, zu glauben.

Ja, scheinbar Unmögliches ist möglich!

Wenn du weißt, was dich ausmacht und du dir bewusst wirst, was dein Auftrag in dieser Welt ist.

Ja, scheinbar Unmögliches ist möglich!

Wenn du dich entscheidest, ein selbstbestimmtes Leben führen zu wollen.

Du bist nicht Disney, nicht Mandela und schon gar nicht Goethe!?

Der Erfolgscoach und ich hatten dann fast ein Jahr lang keinen Kontakt. Das Tempo der Veränderung, das er sich für mich wünschte, war nicht mein Tempo. Ich brauchte mehr Zeit, um mir über vieles klar werden zu können: Wie soll mein neuer Weg aussehen, wie kann ich ihn gehen und dabei das Leben weiter genießen. Ich war nicht bereit, rund um die Uhr „nur" an meiner Veränderung zu arbeiten, ich brauchte zu jeder Zeit die Freiheit, das Leben in der Natur, am Wasser weiter zu genießen. Ich habe mir diese Zeit auch genommen und mich regelmäßig belohnt.

*„Es scheint immer etwas unmöglich zu sein,
bis es getan wird."*
(Nelson Mandela, 1918-2013)

*„In der Idee leben heißt, das Unmögliche behandeln,
als wenn es möglich wäre!"*
(Johann Wolfgang von Goethe, 1749-1832)

„Es macht Spaß, das Unmögliche zu tun."
(Walt Disney, 1901-1966)

Es gibt Menschen, die lesen viele Biografien von Menschen, die sie bewundern und möchten dann auch so sein und werden wie ihre Vorbilder. Du und ich, wir brauchen nicht wie Mandela, Goethe, Disney oder wie sonst jemand zu werden, bei allem Respekt, den wir beide für ihre Leistungen und Erfolge wohl haben.

Doch wir dürfen von ihnen lernen. Wir dürfen uns die Frage stellen, mit und durch welches Denken wurde ihr Tun so großartig? Diese drei und andere Zitate zeigen es uns. Diese drei und viele weitere berühmte Persönlichkeiten in der Vergangenheit wie Gegenwart mach(t)en eines: Sie dachten bzw. denken groß!

Was bedeutet, groß zu denken?

Groß zu denken bedeutet, bei Herausforderungen in Lösungen zu denken. Es bedeutet, nicht überall sofort den

Fokus auf die Probleme zu lenken, die anfangs fast immer unüberwindbar erscheinen. Es bedeutet, sich regelmäßig die Frage zu stellen:

- Was brauche ich, damit das, was jetzt noch scheinbar unmöglich ist, möglich werden kann?

- Was hilft mir und wo bekomme ich Hilfe, damit ich meinen großen Traum verwirklichen kann?

- Welche Fähigkeiten und Fertigkeiten und welches Wissen besitze ich schon, die für das Erreichen meiner Ziele wichtig sind?

Erkennst du, wie wichtig dein Diamant für dich ist, wenn du aus tiefsten Herzen und tiefster Überzeugung bereit bis, deinen Traum zu leben?

Mandela, Goethe, Disney und viele andere waren zutiefst von ihrer Idee, ihrem Traum, ihren Wünschen und Zielen überzeugt. Ihre Diamanten begannen zu strahlen und ihre Strahlkraft wurde größer und größer. Selbst nach ihrem Tod ging sie nicht verloren. Diese Menschen üben heute noch eine Anziehung auf Menschen aus, die auch bereit sind, groß zu denken und die wissen, dass wir alle uns unsere Wünsche und Träume erfüllen dürfen.

Wir sind keine Egoisten!

Wir sind keine Egoisten, wenn wir das tun. Wir sind Menschen, die wissen, dass unsere Zeit auf dieser Erde begrenzt ist. Wir sind Menschen, die diese Zeit ganz bewusst nutzen wollen, für sich selbst und für andere. Wir sind Menschen, die in diesem Nutzen eine echte Erfüllung finden.

Du bist vielleicht auch wie ich 40plus und in der Mitte deines Lebens angekommen. Du bist in einer Buchhandlung oder im Internet auf mein Buch gestoßen. Ob Zufall oder nicht, der Titel, das Cover, die Vorschau auf den Inhalt haben dich angesprochen und du hast das Buch nun schon bis hierher gelesen. Das machst du bestimmt nicht, weil dir fad ist.

Du möchtest etwas verändern, ohne alles in deinem Leben auf den Kopf zu stellen?

Du musst dich nicht verändern und auch nicht verbiegen, um dein Leben in deiner zweiten Lebenshälfte erfüllt leben zu können und dir deinen großen Traum zu erfüllen. Du kannst die sein, die du bist, du kannst der sein, der du bist und dabei deine Möglichkeiten, dein Denken einfach „nur" erweitern. Du musst nicht Disney, Mandela, Goethe oder sonst jemand sein wollen. Doch du darfst wie Disney, Mandela und wie Goethe zu denken beginnen.

„Glaube an Grenzen und sie gehören dir."

So schrieb Richard Bach im Buch „Die Möwe Jonathan".

Ja, auch du darfst und kannst in Möglichkeiten zu denken beginnen. Und das grenzenlos!

Und scheinbar Unmögliches wird auch für dich möglich werden!

Wie du deine Vorstellungskraft trainieren kannst

Wer sich seine Träume vorstellen kann, der kann sie auch leben!

Das Visualisieren deiner Träume und Ziele ist unglaublich wichtig. Es ist daher kein Zufall, dass du dir bereits bei der Arbeit mit dem Diamanten intensive Gedanken darüber gemacht hast, wie es sein wird, wenn du dein Ziel erreicht haben wirst.

Auch diesen Tag in zehn Jahren genau zu beschreiben, hilft beim Erreichen der Ziele ungemein. Dazu ist deine ganze Vorstellungskraft nötig. Wenn du das Gefühl hast, du kannst sie noch mehr trainieren, dann bieten sich die folgenden Anregungen an, es zu tun:

Tipp 1: So verbesserst du dein visuelles Vorstellungsvermögen

Hole dir einen Gegenstand, z. B. ein Bild, eine Zeitschrift, ein Buch oder auch eine Vase, und sieh ihn dir genau an. Nimm dir die Zeit, die du brauchst, um möglich viele Details zu erkennen.

Dann schließe deine Augen und visualisiere den Gegenstand, den du gerade noch in der Hand gehalten hast.

Diese Fragen können dir beim Trainieren deines visuellen Vorstellungsvermögens auch bei anderen Gegenständen helfen:

- Welche Farben siehst du in deiner Vorstellung?
- Wie groß oder wie klein ist er?
- Welche Form hat er in deiner Vorstellung?
- Siehst du den Gegenstand nah oder ist er fern?
- Steht der Gegenstand in deiner Vorstellung irgendwo im Raum oder bewegt er sich?
- Aus welcher Perspektive blickst du auf ihn?
- Hole in ihn dir in deiner Vorstellung ganz nah heran.
- Betrachte deinen Gegenstand nun von allen Seiten.
- Wie fühlt er sich an, wenn du ihn mit beiden Händen berührst?
- Wenn er runterfallen würde, welches Geräusch wird es dabei wohl geben?
- Und dann lasse ihn in deiner Vorstellung davonschweben, langsam oder auch ganz schnell ...

Öffne danach wieder deine Augen und überprüfe, wie gut du den Gegenstand in deiner Vorstellung schon beschreiben konntest. Übe das ein paar Mal auch noch mit anderen Gegenständen, und deine visuelle Vorstellungskraft wird gut trainiert.

Tipp 2: So verbesserst du dein akustisches Vorstellungsvermögen

Vielen Menschen fällt es leichter, Bilder in Erinnerung zu rufen, als Geräusche und Töne. Mit ein wenig Übung ist aber auch das möglich. In Zeiten von Iphone und Ipod mag es nicht wirklich notwendig sein, sich seinen Lieblingssong in Erinnerung rufen zu können. Doch auch dieses Training hilft dir beim Erreichen deiner Ziele, Wünsche und Träume.

Höre dir eines deiner Lieblingslieder an und schließe danach deine Augen. Rufe dir nun die Melodie in dein Gedächtnis. Diese Fragen können dir dabei helfen:

- Wie laut hörst du dieses Lieblingslied?
- Hörst du die Melodie normal oder klingt es verzerrt?
- Aus welcher Richtung kommt die Musik?
- Wenn du in ihre Richtung gehst, wird sie schnell oder langsam lauter?
- Wie weit musst du von ihr weggehen, damit du sie nur mehr ganz leise hörst?
- Was passiert, wenn du die Melodie höher oder tiefer erklingen lässt?

Öffne danach wieder deine Augen und höre dir das Lied nochmals an. Übe das ein paar Mal auch noch mit anderen Liedern oder Melodien, und dein akustisches Vorstellungsvermögen wird gut trainiert.

Tipp 3: So verbesserst du deine Vorstellung von Raum und Zeit mit all deinen Sinnen

Stelle dir vor, du sitzt auf einer Wiese und die Sonne scheint angenehm warm vom Himmel. Schließe erneut deine Augen und erzähle dir oder einer Person deines Vertrauens, was du mit Hilfe deiner Vorstellungskraft alles wahrnimmst.

Diese Fragen können dir bei diesem Training helfen:

- Wie sieht die Wiese aus, auf der du nun sitzt?
- Blühen gerade Blumen und wenn ja, welche?

- Kannst du Tiere hören?
- Spürst du einen Wind und wenn ja, wo spürst du ihn auf deiner Haut?
- Wenn du über die Wiese gehst, was spürst du dabei, wie ist der Boden beschaffen?
- Wenn du den Boden mit den Händen berührst, wie fühlt er sich an?
- Wie fühlt sich das Gras, die eine oder andere Blume in deiner Hand an? Fühlst du die Unterschiede?
- Wie groß ist die Wiese und wie weit kannst du sehen?
- Wie lange dauert es in deiner Vorstellung, wenn du quer über die ganze Wiese gehst?
- Was erkennst du noch, wenn du aus der Vogelperspektive auf die Wiese schaust?

Eine weitere Übung hilft, wenn du versuchst, an einem dir vertrauten Ort (z. B. dein Wohnzimmer oder auch dein Arbeitsplatz) so viele Details wie möglich wahrzunehmen. Achte dabei wirklich auf alle Details. Sieh dich um und suche auch nach etwas, das dir noch nie zuvor aufgefallen ist. Gerne neigen wir dazu, den Blick nur schweifen zu lassen. Die Umgebung ist vertraut, was soll es da noch zu entdecken geben? Doch suche so lange, bis du wirklich etwas Neues entdeckst.

Visualisiere dein Ziel mit deiner Vorstellungskraft

In meinen Anifer Dankbarkeitsrunden konnte ich mit dem bewussten Wahrnehmen meiner Umgebung, meiner Gedanken und Gefühle alle meine Sinne schärfen. Geschärfte Sinne unterstützen und stärken unsere Vorstellungskraft.

Mit deinem Diamanten richtest du deinen Geist auf dein Ziel aus und dein Unterbewusstsein hilft, es zu erreichen. Du kannst aus deinem Ziel, das du dir in deinen Diamanten geschrieben hast, nun auch ein Zielbild kreieren.

In meinem Zielbild malte ich ein Meer, ein Schiff und die Sonne. Am Heck des Schiffes saß ich mit einem Laptop an einem Tisch. Ich schrieb für meine Leser, und in meiner Vorstellung blickte ich während der kurzen Schreibpausen immer wieder in den scheinbar unendlich weiten Horizont …

Als ich mit diesem, meinem ersten Buch begann, war ich tatsächlich draußen auf dem Roten Meer. Ich hatte für die Osterferien eine Tauchsafari gebucht und wollte eine meiner großen Leidenschaften, das Tauchen, intensiv genießen. Ich konnte jedoch eine ganze Woche nicht tauchen, weil ich erkältet war. Ich nutzte die Zeit und begann mit der Arbeit an diesem Buch.

Ein Jahr früher als in meinem Ziel definiert!

Es lohnt sich, deine Vorstellungskraft zu trainieren, damit du dein Ziel ganz deutlich vor Augen hast. So kannst du jetzt bereits spüren und fühlen, wie großartig es sein wird, wenn du es erreicht hast. Halte ab jetzt deinen Diamanten in deiner Vorstellung ganz fest in deiner Hand. Du siehst ihn jetzt nicht nur strahlen, du spürst nun auch seine Kraft in deinen Händen.

„Vorstellungskraft ist wichtiger als Wissen!"

Das hat Albert Einstein einmal gesagt.

Ja, du brauchst auch nicht Albert Einstein sein zu wollen, aber mit seinem Gedanken über die Vorstellungskraft wirst du deine Träume verwirklichen und leben können und das schneller, als du dir heute noch vorstellen kannst.

Es gibt keine Fehlschläge

Es gibt keine Fehler, sondern nur Feedback.

Das ist eine weitere NLP Grundannahme, die uns vieles im Leben erleichtert und nimmt. Mir hat sie die Angst genommen, dass mein Traum zu einem Alptraum werden könnte.

Während der ganzen Planung und auch während der Umsetzung meines großen Traumes vom Leben auf dem afrikanischen Kontinent, hatte ich keinen Plan B. Ich bin immer von Plan A ausgegangen und der hat vorgesehen, dass ich zu jenen Auswanderinnen gehöre, die nicht nach ein oder zwei Jahren wehmütig zurückkommen. Ich wollte zu jenen Auswanderinnen gehöre, die ihren Traum voll und ganz über viele Jahre leben.

Während der Planung war ich davon überzeugt, all meine Bücher, mein schönes Villeroy & Boch Geschirr, meine Kochtöpfe, ja sogar meine Infrarotkabine nach Ägypten mitnehmen zu können. Ich beauftragte eine Salzburger Spedition mit Erfahrung bei Übersiedlungen ins Ausland und musste schon bald folgendes Feedback annehmen:

Ohne Arbeitsbewilligung (die ich zu diesem Zeitpunkt noch nicht hatte) ist es durchaus möglich, dass meine Fracht in Alexandria im Hafen hängenbleibt. Die Aussagen der ägyptischen Zollbehörden seien immer wieder unterschiedlich und widersprüchlich. Jeder Tag, an dem mein ganzes restliches Hab und Gut in Alexandria aufgrund einer noch nicht vorhandenen Arbeitsbewilligung unbearbeitet bleibt, würde mich viel Geld kosten.

Dieses unkalkulierbare Risiko bin ich letztendlich nicht eingegangen. So bin ich mit allem, was in drei Koffer passt, ausgewandert und habe den Rest in Salzburg vorübergehend unterbringen können.

Es wird Menschen geben, die das als einen Fehlschlag bezeichnen – so ganz Unrecht haben sie nicht. Aber Fehler zu machen setzt auch Wissen voraus. Ich hatte das Wissen nicht, wie ägyptische Zollbehörden agieren. Daher brauchte es eine Erfahrung, die mich dieses Wissen lehrte.

Dieses Feedback war eine wertvolle Rückmeldung, nicht nur, weil ich mir erspart habe, viel Geld auszugeben.

Feedback bietet Lern- und Lebenserfahrung

Es ist sehr sinnvoll, Feedback als Lernerfahrung zu sehen. Dadurch bleibt unsere Motivation erhalten, und dadurch war ich auch bereit, etwas Neues auszuprobieren. Und in meinem Fall hieß das, mit nur drei Koffern auszuwandern. Und ja, das geht. Zu Beginn meiner Planung wäre das noch undenkbar für mich gewesen. Doch nach diesem Feedback wurde auch diese scheinbar „unmögliche" Situation möglich für mich.

Es ist ganz normal, dass bei der Umsetzung eines Zieles, eines großen Traumes nicht alles rund läuft. Wir erhalten

Feedback über das, was uns gut gelingt und wir erhalten Feedback zu Dingen, die wir anders eingeschätzt haben.

Auch im Alltag bekommen wir quasi rund um die Uhr vom Leben selbst Feedback.

Schon in der Frühe, wenn du aus dem Haus gehst, meldet dir ein Kälte- oder auch ein Wärmegefühl auf der Haut, dass du dich zu leicht oder zu warm angezogen hast.

Bist du mit dem Auto unterwegs, zeigt dir die Anzeige auf deiner Benzinuhr, dass dein Auto wieder Sprit braucht, wenn du an deinem Ziel ankommen möchtest. Dein Blick auf die Uhr oder das Handy zeigt dir mehrmals täglich, ob du zu einem Termin zu früh oder zu spät dran bist. Und das Knurren in deinem Magen bereits am frühen Vormittag signalisiert dir ein Hungergefühl und vielleicht auch, dass sich die Zeit für ein Frühstück doch gelohnt hätte …

TIPP

Wenn du an deinen Zielen und Träumen arbeitest, vermeide das Wort Fehler. Wenn du mit dir selbst sprichst – das tun wir, meistens ohne es selbst bewusst wahrzunehmen – verwende anstelle des Wortes Fehler nun das Wort Feedback.

Ein Fehler drückt eine Art des Mangels aus. Er gibt dir leicht das Gefühl, versagt zu haben. Doch diese Denkweise hilft dir nicht im Geringsten. Vielmehr verunsichert sie dich und gibt deinem Zweifel eine Chance, die er nicht bekommen sollte.

Feedback soll dich stärken. Feedback soll dir die Chance auf neue Möglichkeiten eröffnen. Feedback lässt dich spüren, dass du deinen Traum nicht mehr „nur" träumst, sondern auf dem Weg bist, ihn zu leben. Auf deinem Weg, scheinbar Unmögliches möglich zu machen.

„Tu erst das Notwendige, dann das Mögliche,
und plötzlich schaffst du das Unmögliche."
(Franz von Assisi, 1181-1226)

Auch Träume
haben ihren Preis

Story „Abschiednehmen ...“

An einem Montag, dem 15. Mai, hatte ich nach 12 Jahren im größten Österreichischen Bildungsverlag meinen tollen Job als Vertriebsleiterin offiziell gekündigt. Drei Tage später musste ich es meinen 16 Mitarbeitern sagen, und das war eine echte große Herausforderung. Ich hatte mein ganzes Herz in diese Arbeit als Führungskraft gelegt. Dabei hatte ich versucht, meinen Mitarbeitern im Innen- wie im Außendienst so gut als möglich den Rücken freizuhalten und ihn gleichzeitig zu stärken, damit sie erfolgreich und mit Freude ihre Arbeit tun konnten.

Ich war mal eine von ihnen, wurde dann zu ihrer Chefin und wusste daher, was es heißt, draußen am „Markt“ unterwegs zu sein. Keiner im Innendienst, auf welcher Führungsebene auch immer, konnte mir etwas „vormachen“ oder einreden, „draußen“ sei alles ganz anders. Es gehörte zu meiner Tätigkeit, die „natürlichen“ Reibungspunkte zwischen einem Innen- und einem Außendienst so gering wie möglich zu halten. Ich hatte mich in meinen unterschiedlichen Rollen immer wohl gefühlt. Nicht „nur“ wegen meiner Mitarbeiter, auch weil ich in einer Firma tätig war, die für gute Rahmenbedingungen gesorgt hat. Davon können Menschen in Ägypten nur träumen.

Mein Vorgesetzter hatte mir viel Freiheit und Freiraum gelassen, dessen war ich mir immer bewusst. Es ist mir nicht leichtgefallen, es ihm als erstes zu sagen. Ich wusste aber, er spürte schon lange, dass genau dieser Tag kommen würde.

Meine Mitarbeiter, die sechs Jahre lang im Außendienst auch meine Kollegen gewesen waren, konnte ich nach gemeinsamen 12 Jahren nicht einfach per E-Mail über meinen Weggang informieren. Das wäre für mich unmöglich und wenig wertschätzend gewesen.

Ich habe dann mit meinem Vorgesetzten abgesprochen, wie ich es gerne tun möchte. Er war einverstanden und wollte selbst dabei sein, denn er wusste, es würde sie „treffen".

Ich habe den Abend nach dem gemeinsamen Essen gewählt, das wir bei Tagungen immer zelebriert haben. Dieses „Ritual" war mir wichtig und ich war immer dankbar gewesen, dafür nie um ein Budget betteln zu müssen. Es gehörte auch zu den Freiheiten, für die ich meine Arbeit liebte und brauchte. Und so habe ich ihnen an diesem Abend die Geschichte einer Reise erzählt, die im Jahr 1900 begonnen hatte …

Im Jahr 1900 ist mein Urgroßvater von Klagenfurt aufgebrochen, über Bulgarien und Rumänien ins heutige Israel gereist, um dann anzukommen – in Kairo. Auf dieser mehr als einjährigen Reise hat er ein Tagebuch geführt: ein Skizzentagebuch.

Er ist viele Monate in Kairo, Ägypten geblieben und hat sich dort wohl gefühlt. Die Zeichnungen des Arabers lassen für mich erahnen, wie er die Menschen und das Land erlebt hat.

(Ich zeigte ihnen das Skizzentagebuch mit den Zeichnungen der Pyramiden, Sphinx, das alte Kairo, einen Araber uvm.).

Als er 1901 zurückkehrte und seinen angesehenen Beruf wieder aufnahm, war es für ihn nicht mehr wie vorher. Erzählungen nach wurde er nie wieder glücklich …

Weder mein Großvater noch mein Vater noch sonst jemand in meiner Familie hatten jemals solche Lust zu reisen gehabt wie er, und schon gar nicht in ein Land wie Ägypten.

„Ich weiß, du hast es im Blut", sagte meine Mama vor wenigen Wochen zu mir. Ja, bei mir ist diese Reiselust wieder voll „ausgebrochen", und genau 100 Jahre später war ich das erste Mal in meinem Leben in Ägypten. Zu der Zeit wusste ich noch gar nichts von dem Skizzentagebuch meines Urgroßvaters. Erst nach meinem dritten Urlaub in Ägypten, von dem ich wieder begeistert erzählte, hat man mir das Tagebuch gezeigt …

Seit dem Jahr 2000 war ich viele Male in Ägypten, nicht nur zum Tauchen. Als ich im März, also vor ein paar Wochen, nach einem weiteren Aufenthalt in Salzburg gelandet bin, war plötzlich etwas anders. Ich habe mich nicht wohl gefühlt, ich dachte, eine Anifer Dankbarkeitsrunde würde mir gut tun. Doch es wurde schlimmer: Ich fühlte mich als Fremde in meiner eigenen Heimat, und das in meinem geliebten Anif. Das war absolut kein gutes Gefühl! Mein Körper war angekommen, doch meine Seele und mein Herz waren diesmal nicht mehr mitgekommen.

An dieser Stelle waren meine Mitarbeiter ganz still. Die ersten Tränen kullerten über ihre Wangen. Ich habe weitererzählt und ihnen gesagt, wie mir klar wurde, dass ich nicht wieder als Touristin nach Ägypten reisen kann, sondern das nächste Mal als Aus- bzw. Einwanderin einreisen werde … als eine Frau, die sich endlich mit 40plus und als Genussnomadin ihren jahrelang geheimen Traum von einem Leben auf dem afrikanischen Kontinent erfüllt.

Ich hatte sie alle sprachlos gemacht, mit einer Geschichte, die sie mehrfach berührte.

Ich denke oft an diesen Abend mit meinen Ex-Mitarbeitern. Selbst nach über einem Jahr vermisse ich manchmal die Arbeit, die Gespräche, den Austausch mit ihnen und auch mit meinem Vorgesetzten. Das war für mich der schwerste Abschied, den ich nehmen musste. Doch ich folgte meinem Herzen, um mir endlich meinen geheimen Traum vom Leben am Roten Meer, auf dem afrikanischen Kontinent zu erfüllen.

Vom Abschiednehmen und Loslassen

Ein Neuanfang bedeutet immer auch Abschiednehmen und Loslassen.

Ich habe die Zeit der Vorbereitung und Umsetzung meines großen Traums vom Leben auf dem afrikanischen Kontinent genutzt, um ganz bewusst Abschied zu nehmen und loszulassen. Ich habe mir selbst nicht erlaubt, alles easy zu nehmen oder so zu tun, als wenn nicht auch Wehmut und Trauer meine Gefühle in dieser Zeit begleiteten.

Ich habe einmal in meinem Leben Trauer nicht verarbeitet, sondern nur verdrängt. Das sollte mir kein zweites Mal passieren. Schon gar nicht, wenn ich die größte Entscheidung meines Lebens treffe. Sie sollte sich genauso gut anfühlen, wenn ich am Roten Meer lebe, wie zu dem Zeitpunkt, als ich sie getroffen habe. Die Vergangenheit kann uns so leicht einholen, wenn wir sie nicht akzeptieren und nicht von ihr lernen.

Ich habe meine Führungstätigkeit mit viel Herz ausgeübt und durfte mir verzeihen, meine Mitarbeiter im Stich zu lassen, in einer Zeit, in der vieles mehr und mehr im Um- und Aufbruch ist. In diesem Prozess hatte ich Glück. Denn mein Nachfolger, den ich noch fast einen Monat intensiv einarbeiten konnte, hatte in Bezug auf die Führungsarbeit ähnliche Ansichten wie ich. Es war für mich eine große Erleichterung, mein Team in guten Händen zu wissen. Der Abschied war deshalb nicht einfacher, doch ich konnte alle meine Mitarbeiter, meine allerliebste Kollegin und auch meinen Vorgesetzten mit einem guten Gefühl zurücklassen.

Einen Traum zu leben ist keine Flucht!

Sich seine Träume zu erfüllen, darf keine Flucht sein! Ein Fliehen aus der Arbeit, aus der Familie, aus seinem Freundeskreis und aus einer gewohnten Umgebung ist keine gute Voraussetzung, um sich seine Träume zu erfüllen und diese genussvoll zu leben.

Einen Traum erfüllt zu leben, bedeutet, mit sich und seiner Vergangenheit im Reinen zu sein. Es bedeutet, verziehen und vergeben zu haben – anderen und auch sich selbst!

Das klingt immer leichter als es ist, und du kannst mir glauben, ich weiß, was das heißt.

Jahrelang hatte ich mich für den Tod meines Mannes verantwortlich gefühlt und konnte mich dieser geglaubten Verantwortung nicht stellen. Also habe ich alles rund um seinen Tod für mich verdrängt. Jahrelang habe ich verdrängt und sein Grab nie besucht.

Ich glaube schon lange nicht mehr an Zufälle. Ich hatte Karten für die Bregenzer Festspiele gekauft, weil ich endlich auch mal die Festspiele in Begrenz besuchen wollte und nicht nur immer die mir bekannten in Salzburg. Die Premiere fand genau am Tag statt, an dem wir unseren 20. Hochzeitstag gehabt hätten. Mein Mann war in Feldkirch in Vorarlberg beerdigt worden, und am Tag nach dem Festspielbesuch war es dann soweit: Ich stand zum allerersten Mal an seinem Grab. Schon beim Kauf der Blumen und Kerzen spürte ich, wie gut es sich anfühlt, „es" endlich zu tun: Mich meiner Vergangenheit zu stellen und mir selbst zu verzeihen.

Wie du annehmen und gleichzeitig loslassen darfst

Ich führe heute hier am Roten Meer ein zufriedenes, dankbares und glückliches Leben. Das liegt auch daran, dass ich ganz bewusst losgelassen habe. Davon bin ich überzeugt!

Es war zuerst ein Schock, als mich die Spedition informierte und mir bewusst wurde, dass ich kein einziges Buch, keine einzige der wunderschönen Vasen und Gläser, die mich an meinen Mann erinnerten, mitnehmen konnte. Als ich das erfuhr, fuhr ich auf den Gaisberg, den Hausberg der Salzburger. Ich brauchte einen Perspektivenwechsel und habe gefühlt stundenlang auf das Haus meiner Wohnung in Anif geblickt. So lange, bis mir klar wurde, dass ich all meine schönen Erinnerungen an meinen Mann in meinem Herzen trage und ich dafür keines der Bücher oder andere Erinnerungsstücke brauche.

Wenn wir lernen, uns selbst zu verzeihen, die Vergangenheit anzunehmen und loszulassen und uns von Erinnerungsstücken verabschieden, dann können wir komplett frei in eine neue Zukunft gehen.

TIPP

Das ist auch für dich möglich, wenn du bereit bist für die folgenden fünf Schritte:

Schritt 1: Akzeptiere deine Vergangenheit
Bevor du dir und anderen verzeihen kannst, darfst du akzeptieren, dass du die Vergangenheit nicht ändern kannst. Deine Vergangenheit ist vorbei und du kannst sie nicht ungeschehen machen. Gedanken wie „Wenn ich doch nur ..." und „Hätte ich doch nicht ..." führen in ein Labyrinth, aus dem du schwer wieder heraus kommst.

Akzeptiere, dass du deine Vergangenheit nicht ungeschehen machen kannst.

Schritt 2: Lerne, dir selbst zu verzeihen
Was immer du tust, du tust es, weil du glaubst, dass es in diesem Moment das Richtige ist.

Eine der NLP Grundannahmen ist: Jedem Verhalten liegt eine gute Absicht zugrunde. Für viele Momente deiner Vergangenheit war dein Verhalten damals das richtige.

Vielleicht hättest du später anders gehandelt, doch damals wolltest und konntest du nur so handeln, wie du es getan hast.

Bei manchen Dingen im Leben können wir uns der Konsequenzen aufgrund mangelnden Wissens gar nicht bewusst sein. Anstatt dich gedanklich mit „Das hätte ich doch wissen müssen!" zu bestrafen, überlege dir, wie du mit deinem heutigen Wissenstand zukünftig anders handeln wirst, und dann verzeihe dir und tue dir etwas Gutes.

Schritt 3: Lerne, die Fehler der Vergangenheit als Feedback für dein Jetzt und deine Zukunft zu verstehen

Mit deinem heutigen Wissen über deine Glaubenssätze kannst du scheinbare Fehler aus der Vergangenheit besser verstehen. Damals konntest du noch gar nicht anders, als so zu handeln, wie du es getan hast. Nimm deine Fehler als Feedback deiner Vergangenheit an. Eine Vergangenheit, die du nicht leugnen sollst. Du darfst und sollst deine Vergangenheit als einen Teil von dir annehmen. Ja, du darfst heute liebevoll damit umgehen. Nutze dein Bewusstsein darüber für dein Heute und deine Zukunft.

Schritt 4: Verzeihe anderen, um loslassen zu können

Du und ich, wir sind Menschen, und manchmal tun wir etwas, was wir hinterher bereuen. Aus Angst, aus Wut, aus einer Unsicherheit heraus … viele Emotionen verursachen Kränkungen.

Manchmal ist es wichtig und notwendig, über unseren Schatten zu springen und andere um Verzeihung zu bitten. Wenn dich etwas belastet, weil du zum Beispiel jemandem Unrecht getan hast, dann nimm all deinen Mut in deine Hand, gehe zu der Person und bitte sie um Verzeihung. Dein Mut in deiner Hand wird zum Danke in der Hand deines Gegenübers. Darauf darfst du vertrauen, auch wenn das Erlebte Jahre her ist.

Schritt 5: Lerne aus deiner Vergangenheit
Nimm deine Vergangenheit als einen wichtigen Teil von dir an. Stoße ihn nicht weg. Ohne deine Vergangenheit wärst du heute nicht da, wo du bist. Und ohne deine Vergangenheit würdest du nicht hinwollen, wo du hin willst. Dein Heute ist deine Vergangenheit von Morgen. Sei heute bereit, für dein Morgen zu lernen.

Mach dich für deine Träume frei

Auch wenn es nicht dein Traum oder Ziel ist, auf einem anderen Kontinent zu leben so wie ich, so können die folgenden Gedanken für deinen Neuanfang hilfreich sein.

TIPP

Überlege dir, was du alles loslassen und wovon du dich verabschieden möchtest, damit deinem Neuanfang nichts mehr im Wege steht:

- Ich lasse los und verabschiede mich von Entscheidungen, die ich im Rückblick gerne anders getroffen hätte.

- Ich lasse los und verabschiede mich von den Gedanken über Entscheidungen, die andere für mich getroffen haben, obwohl ich es besser hätte selber tun sollen.

- Ich lasse los, dass ich viel zu oft meine Zeit nicht sinnvoll genutzt habe.

- Ich lasse los, was ich in dieser Zeit alles hätte tun können und nicht getan habe.

- Ich lasse los, dass ich mich in meinem Leben viel zu oft geärgert habe und viel zu wenig gelassen war.

- Ich lasse los, dass mir bis jetzt Sorgen Energie geraubt haben und ich dadurch wertvolle Lebenszeit vergeudet habe.

- Ich lasse los, dass ich mir bis jetzt erlaubt habe, mein Leben (zu) unbewusst zu leben.

- Ich lasse los, dass ich bis jetzt für vieles in meinem Leben viel zu wenig dankbar war.

- Ich lasse los, dass ich Menschen verletzt habe, obwohl ich es nur gut gemeint habe.

- Ich lasse los, dass ich mich von Menschen verletzen ließ und ihnen dadurch Macht über mein Leben gewährt habe.

- Ich lasse los, dass ich bis jetzt viel zu oft gut war zu Menschen, die es nicht zu schätzen wussten und manchmal sogar ausgenutzt haben.

- Ich lasse los, dass ich bis jetzt …

Wenn du bereit bist, vieles los und hinter dir zu lassen, dann erst kannst du dich voll und ganz auf deine Träume und Ziele einlassen. Dann bist du frei und kannst dein Ich voll und ganz leben. Du kannst und wirst ein selbstbestimmtes Leben führen. Ja, und noch etwas Wichtiges wirst du erkennen: Die Chancen, wann, wo, womit und mit wem scheinbar Unmögliches möglich werden kann.

Schau zurück, aber geh nicht mehr zurück

Dein ganz bewusster Blick in deine Vergangenheit, dein Loslassen, dein Abschiednehmen ist JETZT am Beginn deines Neuanfangs ganz wichtig, vor allem auch, bevor du mit der Planung und Umsetzung deiner Träume und Ziele richtig loslegst. Es ist notwendig, dass du deinen Kopf und auch dein Herz dafür frei machst.

Das ist aber schwer möglich, wenn du ständig über Dinge aus deiner Vergangenheit nachdenkst, die du nicht mehr ändern kannst.

Das ist ebenso schwer möglich, wenn du über die Zukunft nur spekulierst, weil du dir in deiner Vergangenheit zu oft Sorgen gemacht hast.

Das ist auch schwer möglich, wenn du immer noch daran denkst und dich vielleicht auch noch darüber ärgerst, was andere Menschen einmal gesagt und getan haben.

Das ist besonders schwer möglich, wenn du deine Zeit und Energie mit Dingen verschwendest, die du nicht mehr ändern kannst.

Klar, es gibt auch in meinem Leben immer wieder Situationen, Momente oder besondere Tage, die Erinnerungen an meine Vergangenheit auslösen. Auch hier am Roten Meer ist mir passiert, was mir immer am 14. Januar passiert: Seit mehr als 15 Jahren denke ich immer schon am 14. Januar, dass in einem Monat wieder Valentinstag sein wird und sich der Todestag meines Mannes erneut jährt.

Der erste Valentinstag am Roten Meer war wieder ein Tag, den ich ganz besonders bewusst gelebt habe. Und ich habe zurückgeblickt, war dankbar, dass wir damals diese erste Reise nach Ägypten gemacht haben. Diesmal habe ich mir selbst keine Blumen gekauft. Diesmal pflückte ich mir selbst einen kleinen Strauß der schönen, gelben, den Margeriten ähnlichen Blumen hier im Garten meiner Wohnanlage. Ich habe mir an diesem Tag das Pflücken der Blumen im Garten erlaubt. Ich spürte keine Wehmut und auch keine Trauer. Ich spürte, dass mein Mann auf mich stolz wäre. Ich spürte eine tiefe innere Zufriedenheit und war zum ersten Mal richtig glücklich an diesem ersten Valentinstag am Roten Meer.

Stolpern ist erlaubt!

Auf dem Weg, mir meinen großen Traum vom Leben auf dem afrikanischen Kontinent zu erfüllen, bin ich über viele Dinge gestolpert. Das darf auch dir passieren. Du darfst dabei sogar kurz am Boden liegen bleiben, um dich auszuruhen und neue Kraft zu schöpfen. Doch dann stehe wieder auf. Tue das aber nicht, um zurückzugehen! Tue es und erhebe dich aufs Neue, um nach vorne zu gehen. Vielleicht ist dir dein Diamant beim Stolpern aus der Hand gefallen, doch wenn du genau hinsiehst, wirst du erkennen, dass er an Leuchtkraft für dich nichts verloren hat. Nimm in ihn wieder in deine Hand!

Ich-Sein hat seinen Preis

Wieso tust du das? Geht es dir zu gut? Lebst du jetzt dein Ego aus? Bist du jetzt etwas Besseres? Du hast dich so verändert!

Diese und ähnliche Fragen und scheinbaren Feststellungen habe ich gehört, oft auch nur in Augen und Blicken gesehen, manchmal zwischen den Zeilen gelesen.

Ich möchte unbedingt ehrlich zu dir sein. Es hat Konsequenzen, wenn du groß und in neuen Möglichkeiten zu denken beginnst und deine Träume verwirklichen willst. Es kann zur Folge haben, dass Menschen, die dir wichtig sind, glauben, du veränderst dich nun total. Du bist glücklich, endlich dein ICH zu leben und noch mehr von deinem ICH möglich zu machen – und dein Umfeld? Es kann darauf ziemlich unglücklich und uncool reagieren.

Schon während meiner Coachingausbildung hatte ein Freund mich gefragt, ob ich nun Scientology-Mitglied geworden sei. Ich konnte darauf zuerst gar nicht antworten, weil mir die Worte dazu fehlten. Ich war schockiert und amüsiert zugleich. Ich habe mir den Spaß gemacht und mir zum ersten Mal in meinem Leben eine Scientology Internetseite angesehen. Ich wollte diesem für mich „unglaublichen" Feedback nachgehen. Beim besten Willen konnte ich nichts erkennen, was mich mit dieser Art von Glaubensgemeinschaft verbinden könnte.

Ich habe dann den Kontakt zu diesem scheinbaren Freund abgebrochen.

Als ich auf meiner 40plusCoach Facebookseite täglich von meinem Leben am Roten Meer zu berichten begann, hat dieser scheinbare Freund mich wieder kontaktiert. Diesmal hielt er mir vor, ich würde wie Jesus zu den Menschen sprechen, und Scientology ließe grüßen. Darüber hätte ich noch schmunzeln können, doch als er auch noch meine „Mäuse" mit ins Spiel brachte, wurde ich böse. Ich würde Scientology-Einfluss auf Kinder ausüben! Ich habe diesen Menschen dann in den sozialen Medien blockiert. Das half nichts, denn über mein Kontaktformular auf meinem Blog hat er wieder Kontakt aufgenommen. Es war dann aber das letzte Mal. Denn ich bat ihn, meine allerletzte persönliche Verwarnung ernst zu nehmen und mich mit seinen Verleumdungen in Ruhe zu lassen. Er solle mich auch nicht mehr weiter stoken. Das hat dann endlich gewirkt.

Das ist natürlich ein sehr extremes Beispiel. Ich habe auch erlebt, dass Menschen sich von mir ganz ruhig, ohne viele Worte distanziert haben. Das tut natürlich anfangs weh.

Dein Ich zu leben bedeutet nicht, dass du egoistisch und gefühlskalt wirst. Dein Ich zu leben bedeutet, dass du dich etwas traust. Du traust dir und deinem Umfeld DICH zu! Das ist nicht mutig, weil das so schrecklich ist. Nein! Du traust dich, du selbst zu sein, und das ist keine Selbstverständlichkeit.

Wenn es selbstverständlich wäre, hättest du es schon längst getan, und ich hätte es auch schon viel früher getan. Und all jene, die das uncool finden, würden es vielleicht auch gern tun.

Ja, dein ICH zu leben, kann seinen Preis haben!

Bist du bereit, den Preis für dein Ich-Sein zu zahlen?

In Möglichkeiten zu denken, bringt eine Energie ins Fließen, die ich nicht mehr missen möchte und die ich auch dir von Herzen gönne. Das, was möglich ist, dann auch ins Tun zu bringen, kann durchaus seinen Preis haben.

Die Frage ist: Bist du bereit, den Preis dafür zu zahlen?

Die folgenden fünf Szenarien können dir beim Beantworten dieser Frage helfen:

Szenario 1: Du hast plötzlich Mut

Bist du bereit, den Preis dafür zu zahlen, wenn du nun plötzlich aus „Das geht nicht" ein „Das geht noch nicht" machst?

Stell dir vor, du bist im Gespräch mit Arbeitskollegen oder gar mit deinem Vorgesetzten. Es geht um ein scheinbar unlösbares Problem und du sagst: „Das geht nur jetzt noch nicht." Und weil du an dem Tag besonders mutig bist, fügst du hinzu: „Überlegen wir uns, was können wir tun, damit es möglich wird."

Du traust dich, auch im beruflichen Kontext das „noch" zu verwenden und bist stolz auf dich. Aber nur ganz kurz? Du siehst sofort die hochgezogenen Augenbrauen deiner Gesprächspartner: „Was ist denn mit dir los? Wieso soll das gehen? Träumst du? Warst du wieder auf einem Seminar? In hundert Jahren geht das nicht – komm wieder runter!"

Wirst du runterkommen oder einen zweiten Anlauf wagen?

Ist dir der Preis, in den Augen der Kollegen wie ein Idiot dazustehen, zu hoch?

Überlege dir: Was bist du bereit, dafür zu tun, damit der Preis für dich leistbar wird?

Szenario 2: Du hast plötzlich Zeit für dich

Bist du bereit, den Preis dafür zu zahlen, wenn du plötzlich an das zu denken beginnst, was du in deinem Leben nun dazu gewinnst?

Stell dir vor, du hast dir vorgenommen, dir zweimal in der Woche je eine Stunde Zeit nur für dich zu gönnen. Deinen Partner hast du „vorinformiert" und er hat es kopfnickend mit einem „Okay" zur Kenntnis genommen.

Du freust dich auf deine Zeit und bist glücklich, wie gut das bereits in der ersten Woche klappt. Ab der dritten Woche merkt dein Partner scheinbar beiläufig an: „Schon wieder Zeit für dich?"

Du beginnst festzustellen, dass immer an dem Tag, an dem du dir für dich Zeit nimmst, die Stimmung zu Hause eigenartig wird. Manchmal empfindest du es sogar schon als unangenehm. Vor allem dann, wenn der Blick deines Partners vorwurfsvoll fragt: „Geht`s dir zu gut?"

Wirst du das Gespräch suchen, um ihm zu erklären, wie wichtig dir die Zeit für dich ist? Wird er verstehen, dass es auch für ihn von Nutzen ist, dass du dir Zeit für dich nimmst? Oder gehst du solchen Diskussionen lieber aus dem Weg und gibst klein bei, weil dir ein gutes Klima in den eigenen vier Wänden wichtiger ist und du Streit lieber vermeidest?

Ist dir der Preis, dich für deine Zeit rechtfertigen zu müssen, zu hoch?

Überlege dir: Was bist du bereit, dafür zu tun, damit der Preis für dich leistbar wird?

Szenario 3: Was Freunde plötzlich von dir denken
Bist du bereit, den Preis dafür zu zahlen, dass dein Diamant für dich leuchten soll?

Stell dir vor, mein Buch hat dich angeregt, dich ernsthaft mit deinem Diamanten zu beschäftigen. Du denkst dir, das klingt richtig gut! Du möchtest dir auch deine Träume erfüllen. Alles, was dir wichtig ist, hast du in deinen Diamanten hineingeschrieben. Du klebst das Blatt mit dem Diamanten an den Kühlschrank, damit du ihn jeden Tag siehst.

Beim nächsten Besuch deiner besten Freundin vergehen wenige Sekunden und sie fragt gleich: „Was ist das denn? Hast du dich von dem Esoterik-Zeugs jetzt anstecken lassen? Nicht dein Ernst, oder? – Du hast dich aber wirklich verändert!"

Was tust du? Bist du verunsichert? Denkst du dir, diese 40plus Buchautorin hat mir vielleicht wirklich nur einen Floh ins Ohr gesetzt, den ich so schnell wie möglich lieber wieder loswerden sollte?

Ist dir der Preis, dich von deiner besten Freundin als „Esoterik-Tante" bezeichnen zu lassen, zu hoch?

Überlege dir: Was du bereit bist, dafür zu tun, damit der Preis für dich leistbar wird?

Szenario 4: Wie deine Familie auf deinen Traum reagiert
Bist du bereit, den Preis dafür zu zahlen, dass du dich ab sofort mehr mit Menschen umgibst, die an dich glauben?

Stell dir vor, du liest dieses Buch zu Ende und beginnst ernsthaft, dich mit allen Themen auseinander zu setzen, damit auch du deine Träume verwirklichen und dein großes Ziel erreichen kannst. Du bist sogar überzeugt, dein Ziel in der Mitte deines Diamanten zu erreichen! Endlich das zu tun, von dem du spürst, dass es echt DEINS ist.

Das bedeutet, du bist bereit, deinen Job aufzugeben und vielleicht sogar eine Zeitlang vom Ersparten zu leben. Deine Eltern finden das echt uncool und halten es für einen „Wahnsinn". Bei jedem Telefonat, bei jedem Besuch reden sie auf dich ein und fragen: „Wieso tust du das? Und das in deinem Alter!"

Dieser Konflikt belastet dich (und natürlich auch deine Eltern) und du spürst, wie mühsam es wird, weiter an deiner Vision, an deinem Ziel festzuhalten. Der Konflikt kostet dich nicht nur deine Nerven, er frisst auch deine ganze Energie auf.

Ist dir der Preis, auf deine Vision, auf dein Ziel, auf deine Zukunft zu verzichten, zu hoch?

Überlege dir: Was bist du bereit, dafür zu tun, dein neues Leben zu leben und das mit Menschen, die an dich glauben?

Szenario 5: Du beginnst zu genießen und sprichst darüber
Bist du bereit, den Preis dafür zu zahlen, wenn du dich ab sofort täglich belohnst?

Stell dir vor, du nimmst das, was ich in meinem Buch schreibe, richtig ernst und beginnst dich regelmäßig für das, was du gut gemacht hast, zu belohnen. Und du machst es sogar so wie ich und belohnst dich auch dann, wenn du das Gefühl hast, das tut dir jetzt einfach gut (ohne scheinbar Großes geleistet zu haben). Früher ist dir das gar nicht leicht gefallen, aber jetzt fängt es an, dir zu gefallen, es tut dir gut.

Daher erzählst du am Montag bei der Arbeit ganz begeistert, was du dir alles am Wochenende Gutes getan hast. Die Begeisterung deiner Arbeitskollegen hält sich in Grenzen. Grenzwertig wird sogar ihre Reaktion nach dem dritten Montag, an dem du erzählst, womit du dich belohnt hast. Du bist mutig und beginnst, dich auch während der Woche zu belohnen. Doch dein Mut reicht nicht aus, es deinen Kollegen zu erzählen. Denn sie fragen dich jetzt schon: „Lebst du nun dein Ego aus?"

Ist dir der Preis für deinen vermeintlichen Ego-Trip nun doch zu hoch?

Überlege dir: Was bist du bereit, dafür zu tun, damit das Belohnen für dich weiter lohnenswert bleibt?

Fünf Gründe, warum dieser Preis nie zu hoch sein kann

Ich glaube, du weißt, dass ich dir deine Träume nicht vermiesen möchte. Ich glaube, du spürst und kennst mich als Autorin nun nach über 100 Seiten schon so gut und ahnst, dass ich mir genau das Gegenteil für dich wünsche: Dass du dir dein „Juhu! – Ich kann endlich Ich sein und mir meinen großen Traum erfüllen!" bewahrst und es von Tag zu Tag mit mehr und mehr Sicherheit in die Welt rufen kannst.

Sei einfach nicht überrascht, dass dein „Juhu!" für andere Menschen zu einem „Oh-Oh!" werden kann.

Ich verheimliche dir den womöglich hohen Preis mit seinen Konsequenzen nicht. Sei dir dessen bewusst, und du wirst gut damit umgehen können. Kein Preis dieser Konsequenz kann jemals zu hoch für dich sein. Und das hat fünf sehr gute Gründe.

Der erste sehr gute Grund:
Du bist das Wertvollste, das du dir selbst und deinem Umfeld schenken kannst.

Der zweite sehr gute Grund:
Du und dein Diamant sind so wertvoll, dass du deine neuen Möglichkeiten genau deshalb für dich (und andere) nutzen kannst und sollst.

Der dritte sehr gute Grund:
Du wirst neue Menschen kennenlernen, die genau wie du bereit sind, sich ihre Wünsche zu erfüllen und an ihren Zielen fokussiert, gelassen und humorvoll arbeiten. Das Gesetz der Anziehung wird diese Begegnungen möglich machen.

Der vierte sehr gute Grund:
Gemeinsam mit diesen Menschen wirst du spüren, welche unglaublich gute Energie du in dir trägst. Du wirst staunen, was alles für dich und andere möglich werden kann.

Der fünfte sehr gute Grund:
Diese Energie ist es, die dich beim ersten Widerstand nicht aufgeben lässt! Und sie ist es auch, die dir Kraft gibt, allen weiteren Widerständen standzuhalten.

Dein ICH – ein kostbares Geschenk

Es ist noch keine Selbstverständlichkeit, dass Menschen ganz fest an ihre Träume und Ziele glauben.

Jeder, der sich dazu entscheidet, entscheidet sich damit auch zum Ich-Sein. Das heißt, du traust mit deinem ICH-SEIN deinem Umfeld etwas zu:

Du traust ihnen DICH zu!

Du schenkst deinem Umfeld das Vertrauen, dich in ihrer Gegenwart zu öffnen, so wie DU bist. Ich finde, das ist etwas Wunderbares. Es ist ein kostbares Geschenk von unbezahlbarem Wert.

Ja, es hat am Anfang weh getan, zu spüren, dass nicht mein ganzes Umfeld mit mir mitgeht. Ich habe gelernt, dass nicht jeder dieses kostbare Geschenk annehmen möchte. Ich habe gelernt, dieses Feedback anzunehmen, manche Menschen loszulassen und mich von ihnen zu verabschieden.

Es kann aber auch das genaue Gegenteil passieren. Es kann Menschen und Freunde geben, denen du gar nicht zugetraut hättest, dass sie so cool auf das, was du vorhast, reagieren. Sie werden dich unterstützen, wo immer es ihnen möglich ist.

Meine Mutter war eine, die so cool darauf reagiert hat und mich auch heute noch aus der Ferne regelmäßig mit ihren Gedanken und Worten in Whatsapp-Sprachnachrichten unterstützt.

Solche Menschen in deinem Umfeld wünsche ich dir. Menschen, die dein kostbares Geschenk annehmen und achtsam sowie behutsam damit umgehen.

„Wir können nicht zu neuen Ufern aufbrechen,
wenn wir nicht bereit sind,
das alte aus den Augen zu verlieren."
(Seneca, 1-65 n. Chr.)

Das Leben darf richtig gut zu uns sein

Story „Vernissage meiner ersten Fotoausstellung"

Zum ersten Mal in meinem Leben spüre ich eine angenehme Anspannung und keine Angst. Es ist ein Kribbeln im Bauch, ein nur ganz leichtes Zittern in den Händen und ein Strahlen in den Augen. Der Blick auf die Menschen vor mir lässt mich entspannt lächeln. Ja, so sehe und spüre ich mich zum ersten Mal in meinem Leben, ich stehe vor vielen Menschen. Meine Eröffnungsrede beginnt gleich und das sogar in Englisch!

Zum ersten Mal in meinem Leben eröffne ich eine Fotoausstellung mit meinen eigenen Fotos und den Fotos eines leidenschaftlichen Fotografen, der ebenso von der Wüste fasziniert ist wie ich.

Zum ersten Mal in meinem Leben habe ich keine Angst, vor vielen Menschen zu stehen.

Zum ersten Mal in meinem Leben richten über hundert Augen ihren Blick auf mich, während ich mich in Englisch bei Menschen bedanke, die dazu beigetragen haben, dass meine erste Fotoausstellung gerade eröffnet wird.

Und zum ersten Mal in meinem Leben genieße ich es, vor so vielen Menschen zu sprechen und einen Eindruck zu hinterlassen, auch bei mir selbst.

... *in the eye of the beholder* ...
Das ist der Titel der Ausstellung mit Fotos, die wir während einiger Tagestouren in einem Umkreis von nur 60 km von Hurghada aus in die große östliche arabische Wüste gemacht haben.

Der Mann einer Kollegin, ebenfalls leidenschaftlicher Hobbyfotograf, fragte mich nach der ersten gemeinsamen Wüstentour, was ich denn mit meinen tollen Fotos so vorhätte. Ich schaute ihn fragend an und sagte nur, dass ich mich daran selbst erfreue und auf Facebook und Instagram diese Freude teile. Auch um zu zeigen, wie wunderschön es hier in Ägypten ist. Auf die Frage, ob ich schon einmal an eine Ausstellung gedacht hätte, antwortete ich mit einem „Nein".

Von dem Tag an haben wir diese Idee einer gemeinsamen Ausstellung verfolgt. Dass uns das Cultural Center Red Sea unter der Leitung einer sehr taffen Frau eine so besondere Möglichkeit bieten würde, daran hatte selbst ich nicht in meinen Träumen gedacht.

Wenn ich immer wieder behaupte, dass scheinbar Unmögliches möglich werden kann, dass das Leben selbst uns so viele Möglichkeiten bietet und es nur an uns liegt, all die Chancen zu nutzen, dann tue ich das, weil die Chancen wirklich da sind!

Am Tag der Vernissage habe ich diese Chance genutzt, mitten in meinem Traum, auf meinem Kontinent zu leben. Ich habe mir selbst bewiesen, dass ich keine Angst mehr zu haben brauche, vor vielen Menschen zu sprechen. Es steht in meinem Zehnjahresziel, und so wusste ich, es wird einmal der Tag kommen, an dem ich beginne, immer wieder vor vielen Menschen zu sprechen.

Ja, ich wusste, es wird ein Teil meines zukünftigen Lebens als Autorin und 40plusCoach sein, regelmäßig vor vielen Menschen zu sprechen und das ohne extremes Lampenfieber – und ich würde allmählich immer bekannter werden. Das war ein Teil meiner Träume in meinem großen Traum und wurde Realität. Monate später bekam ich übrigens eine Einladung, zum ersten Mal als Speakerin in Deutschland aufzutreten, die ich mit Freude annahm.

Ich hätte mich an diesem Abend auch anders entscheiden können: Nämlich zu bitten, nicht sprechen zu müssen, da ich damit keine guten Erfahrungen hatte. Mein Herz und mein Verstand haben mich ermutigt, es trotzdem zu tun und mit Freude zu genießen.

All das, was ich mir schon vor meiner Coachingausbildung erarbeitet hatte, all das, was mich in meiner Persönlichkeit reifen und stärker werden ließ, all das, was mich ausmacht und was ich nun hier am Roten Meer in meinem Traum lebend voll auskoste und genieße, all das war es, warum ich mir selbst die Angst nehmen konnte, vor vielen Menschen zu sprechen.

Ich habe darauf vertraut, dass dieser Tag kommen wird, ohne genau zu wissen, wann, wo und zu welchem Anlass. Und er kam an diesem schönen Abend, an dem kaum jemand wusste, wie viel er mir bedeutete und wie unglaublich glücklich er mich gemacht hat.

Ein Leben ohne schlechtes Gewissen

Wie kann eine Frau, die es gewohnt war, im Business unabhängig und erfolgreich zu agieren, die privat den Wert „Freiheit" lebt und liebt, ja, wie kann sich diese Frau in der Mitte ihres Lebens ganz bewusst für ein Leben in einem arabischen Land entscheiden?

Wie kann eine gebildete Frau im Alter von 45 Jahren ein kultiviertes Leben in Europa aufgeben, um in einem Land zu leben, in dem die meisten Menschenrechte ignoriert werden?

Und wie kann eine Frau in einem solchen Land glücklich und zufrieden und ohne schlechtes Gewissen leben?

Ich wurde 1972 in Österreich geboren, bin Tochter geworden einer damals 16-jährigen jungen Frau, die erst drei Jahre später (1975) offiziell das Recht erhielt, ohne Zustimmung meines Vaters arbeiten zu dürfen, über den Wohnsitz mitzuentscheiden sowie auch den Familiennamen selbst wählen zu können.

Wir konnten erst im Jahr 2018 hundert Jahre Wahlrecht für Frauen in Österreich feiern.

Und es ist nicht noch nicht so lange her, dass Frauen in Europa entscheiden können, ob und wann sie bereit sind für ein Kind, für ein ganz neues Leben.

Und erst seit 1989 ist in Österreich durch die Sexualstrafrechtsreform erreicht worden, dass Vergewaltigungen und geschlechtliche Nötigungen in der Ehe oder Lebensgemeinschaft strafrechtlich verfolgt werden können.

Frauenrechte sind auch für uns Europäerinnen (leider) noch keine Selbstverständlichkeit, wenn uns die „eigene" Geschichte bewusst ist. Ich bin mir dessen bewusst und weiß um diesen großen Wert für uns Frauen. Ich bezweifle, dass wir Frauen in Europa ohne das Zeitalter der Aufklärung all das nun wirklich leben könnten, was viele junge Frauen jetzt als selbstverständlich leben.

Hier in Ägypten hat es nie ein Zeitalter der Aufklärung gegeben, ebenso wie in vielen anderen Ländern auf diesem und auch auf anderen Kontinenten.

Trotzdem kann ich hier in einem wenig „aufgeklärten" Land mein Leben ohne schlechtes Gewissen genießen. In meinem Alltag kann ich meine mir wichtigen Werte leben, und ich tue es ohne schlechtes Gewissen.

Das Wissen, warum wir tun, was wir tun

Meine Bestimmung ist es nicht, die Welt zu retten oder einen Kampf gegen oder für ein politisches System zu führen. In Österreich gäbe es auch Themen, worüber ich mich aufregen könnte, von politischen Parteien über fragwürdige Entwicklungen im Bildungssystem und vieles mehr.

Ich möchte mit meinen mir möglichen und manchmal scheinbar unmöglichen Möglichkeiten den Fokus auf das Positive und das Gute lenken. Das gibt Kraft und bietet Möglichkeiten, etwas im Kleinen zu verändern, ob als Lehrerin von Kindern ganz unterschiedlicher Herkunft, als Autorin, Speakerin, 40plusCoach oder einfach als Mensch, der Menschen, egal welcher Herkunft und

Religion, auch im Alltag berühren kann. Das ist hier in Ägypten genauso möglich wie in Österreich oder einem anderen Land.

Weder auf meiner privaten Facebookseite noch auf meiner 40plusCoach Fanseite oder in sonstigen sozialen Netzwerken wirst du von mir negative Beiträge lesen. Wer danach sucht, wird sie bei mir nicht finden. Das bedeutet nicht, dass ich in Österreich oder in Ägypten meine Augen bei Negativem und Unrecht schließe. Nein. Doch dieser Anblick ist nicht das, was Kraft gibt, um ein Mensch zu sein, der Positives ausstrahlen und leben möchte. Der Blick hilft jedoch, um zu wissen, was Menschen brauchen.

Ein besseres Leben beginnt nicht mit einem schlechten Gewissen

Lenke auch du deine Aufmerksamkeit auf das, was dich beseelt und was dir Kraft gibt, und lass dich nicht durch anderes und andere ins Negative runterziehen. Genieße das, was dir gut tut, tue es zu jeder Zeit und ohne schlechtes Gewissen. Wir haben alle ein Recht darauf, das Leben zu führen, das wir uns wünschen. Keiner von uns muss sich dafür rechtfertigen. Dein schlechtes Gewissen macht die Welt nicht besser. Dein schlechtes Gewissen hilft weder anderen noch dir selbst.

Wenn wir eine bessere Welt um uns herum haben möchten, dann beginnen wir mit dem Besserwerden zuerst bei uns selbst. Gleichzeitig kann jeder von uns mit seinen zur Verfügung stehenden Möglichkeiten das „Gute und Schöne" vorleben. Möge uns das so oft wie möglich gelingen. Ganz besonders gut gelingt es uns, wenn wir gestärkt im Alltag agieren. Das ist wunderbar möglich, wenn wir ohne schlechtes Gewissen unser Leben genießen: im Alltag genauso wie im Urlaub, alleine genauso wie mit vertrauten Menschen, in unserer Heimat genauso wie in der Ferne …

Dein Blick nach außen …

Dein Blick nach innen hatte ein großes Ziel: dich selbst (besser) kennenzulernen.

Du weißt, wer du bist. Du weißt, was dich ausmacht. Du weißt, was du kannst und du weißt, was du noch nicht kannst. Du kennst deine Schwächen und du vertraust auf deine Stärken.

Du hast deine Aufmerksamkeit nach innen gerichtet, um reif zu werden für den Blick nach außen, der dich nun mehr Chancen erkennen lässt als je zuvor.

Du erkennst viele Chancen, weil du es jetzt nicht mehr nötig hast, dich hinter einem „Ja aber" zu verstecken. Du bist bereit für ein: „Warum nicht!?"

Warum sollte ich mir nicht mit 40plus5 meinen Traum vom Leben auf dem afrikanischen Kontinent erfüllen?

Warum nicht mir und meinen Fähigkeiten als Autorin, Coach, Speakerin, Fotografin, Lehrerin voll vertrauen?

Warum nicht mir das Leben gönnen, das mich erfüllt und fähig macht, auch für andere Menschen auf besondere Weise da zu sein?

Warum nicht ohne schlechtes Gewissen ein Leben in der Sonne am Meer genießen dürfen?

Warum nicht ein Buch schreiben und meine Geschichte mit Menschen wie dir teilen, damit auch du ab jetzt nicht mit „Ja, aber" antwortest, sondern mit „Warum nicht!?".

TIPP

Schreibe nun fünf Sätze oder mehr auf, mit denen du dein „Warum nicht!?" zum Ausdruck bringst. Damit wirst du dir auf eine andere Art und Weise bewusst, warum du dir deine Träume erfüllen wirst. Schreibe sie auf ein Blatt und hänge sie zu deinem Diamanten dazu.

Was deinen Blick klar und scharf macht

Du kennst dich jetzt besser als je zuvor und du weißt sehr genau, was dich ausmacht. Du stehst zu dir! Du stehst jetzt sogar zu deinen Schwächen, und das macht dich besonders stark. Du verbiegst dich nicht und du lässt dich nicht mehr verbiegen. Du kennst deine sieben wichtigsten Werte und lässt sie dir nicht nehmen. Du stehst mit beiden Beinen fest auf dem Boden. Und wenn dich mal der ärgste Gegenwind umwerfen sollte, dann weißt du, dass du wieder aufstehen kannst. Du brauchst dich für das Fallen nicht zu schämen, denn du bist fähig, deinen Weg und nicht den Weg anderer weiterzugehen.

Du kennst bestimmt auch Menschen in deinem Umfeld, die schon genug haben von Sprüchen und Fragen wie „Du möchtest endlich mehr vom Leben haben?".

Nicht ganz zu Unrecht kritisieren sie die überall versprochenen Ideale, die in der Realität des Alltags wie ein schwerer Stein im Wasser unterzugehen drohen. Der Selbstfindungszwang nimmt für diese Menschen fast schon neurotische Ausmaße an.

Und oft scheint er auch tatsächlich nur jenen wirklich zu helfen, die selbst darüber schreiben.

Die Jagd nach dem Traumjob, der Traumfigur und dem Traumleben lässt sich gut verkaufen. Networkmarketing-Events, Diät-Challenges und Online-Kongresse schießen in sozialen Netzwerken wie Pilze aus dem Boden.

Scheinbar darf sich jeder berufen fühlen, sein Traumbusiness mit den Wünschen, Hoffnungen und Träumen anderer zu finanzieren.

Mit all dem, was du dir bis jetzt erarbeitet hast, kannst du klar erkennen, wem du im Dschungel der vielen Gurus vertrauen möchtest. Du kannst einschätzen, wer dich beim Erreichen deiner Ziele optimal unterstützen kann. Du bist nun im bewussten Wahrnehmen geübt und spürst, wer zu dir passt und wer nicht. Sollte es trotzdem zu einer Fehleinschätzung kommen, dann kannst du es dankbar als Feedback annehmen und dich neu orientieren.

Fokussiert – gelassen – humorvoll

Richte deinen Blick nach außen fokussiert, gelassen und humorvoll. Verbissenheit, übertriebener Ehrgeiz und Perfektionismus bringen dich nicht schneller ans Ziel, sondern verringern die Strahlkraft deines Diamanten.

Fokussiert sein und bleiben bedeutet:
Du glaubst ganz fest an deine Träume. Du lässt dich nicht beeindrucken, wenn dich andere von deinem Weg abbringen wollen oder diesen gar schlecht machen. Du ziehst dein Ding voll durch. Du weißt, was du willst. Du weißt, was du kannst und du weißt, was du noch alles brauchst.

Dein Fokus ist so stark, weil du jetzt schon weißt, wie es sein wird, wenn du erreichst, was du erreichen willst. Du kennst und bist dir deines Seins, Tuns und Habens bewusst, wenn du dein Ziel erreicht haben wirst. Du kannst jederzeit deine Augen schließen und siehst, hörst und fühlst, wie schön es sein wird, wenn du erreichst, worauf du deinen Fokus richtest.

Gelassen sein und bleiben bedeutet:
Fehlschläge, die du nun als Feedback erkennst, werfen dich nicht aus der Bahn. Du erlaubst dir, zu stolpern. Du erlaubst dir, dich auch für den kleinsten Erfolg zu belohnen. Du vertraust dir und deinen Fähigkeiten. Ja, du vertraust sogar auf die dir jetzt noch unbekannten Fähigkeiten, die in dir schlummern und die wach werden, wenn neue Situationen sie erfordern. Du vertraust auf Fähigkeiten, die du noch erlernen wirst. Du vertraust auf das Gesetz der Anziehung und darauf, dass es das Leben gut mit dir meint.

Humorvoll sein und bleiben bedeutet:
Du nimmst nicht (mehr) alles so ernst und kannst auch über dich lachen. Du kannst über deine Ungeschicklichkeit lachen, du kannst über gedankliche Irrwege humorvoll hinwegsehen. Du scheust dich auch nicht, mal albern wie ein kleines Kind zu sein und stimmst in fröhliche Ausgelassenheit erfolgreicher Menschen mit ein. Ja, du

erkennst gelassen Fehler anderer, und dein Feedback ist manchmal nichts anderes als ein humorvolles Augenzwinkern.

Du hast deinen Diamanten in deiner Hand und du blickst nun nach außen. Gemeinsam lasst ihr euch nicht blenden. Gemeinsam findet ihr jene Menschen, die zu dir passen und die dich dabei unterstützen, dass du dir selbst deine Wünsche und Träume erfüllst und dein Ziel erreichst. Dein Inneres fühlt sich im Außen wohl. So wohl, dass vielleicht auch du einmal in einem Vortrag ohne Angst in über 100 Augenpaare blicken kannst.

Wie dir deine Träume im Alltag helfen

Wie können dir deine Träume im Alltag helfen? Die Antwort hast du eigentlich schon vor ein paar Minuten im Kapitel „Dein Blick nach außen" gelesen.

Fokussiert, gelassen und humorvoll zu sein, nützt dir nicht nur, um dir deine Träume zu erfüllen. Du kannst es auch ideal im Alltag anwenden.

Du kannst mir glauben, hier in Ägypten sind diese Eigenschaften im Alltag Gold wert. Ich bin überzeugt, sie helfen nicht nur in fernen Ländern, sondern auch in Europa, im scheinbar ganz normalen privaten wie beruflichen Alltag.

Der Fokus
Dein Fokus hilft dir, deine Zeit im Alltag (noch) besser zu nutzen. Du bist dir nun viel mehr bewusst, wie wertvoll dein Leben und auch deine Zeit in deiner dir noch verbleibenden zweiten Lebenshälfte ist.

Als ich mich entschieden habe, mir meinen Traum vom eigenen Blog zu erfüllen, habe ich mir nicht mehr die Zeit genommen, den Abend vor dem Fernseher zu verbringen. Vielleicht wirst auch du plötzlich erkennen, dass es kein Verlust ist, eine Fernsehserie zu versäumen. Schon gar nicht im Vergleich mit der Aussicht, schon bald deine Träume leben zu können.

Die Gelassenheit

Vor einigen Jahren war Gelassenheit fast ein Fremdwort für mich. Vieles musste einfach immer perfekt sein: das Haus genauso wie der Garten, die eigene Arbeit genauso wie die Arbeit der Mitarbeiter. Perfektionismus stresst einen selbst und auch andere. Das Miteinander in der Arbeit wie auch im Privatleben ist ein ganz anderes, wenn wir mit uns selbst gelassen umgehen können. Wenn wir es mit uns selbst sind, fällt es auch viel leichter, es mit anderen zu sein. Eine andere Qualität des Zusammenlebens wird möglich.

Der Humor

Du stimmst mir bestimmt zu, dass Humor nicht schaden kann. Hier in Ägypten wurde ich nur am Anfang öfter von jungen Männern angequatscht. Heute passiert mir das so gut wie gar nicht, weil mich viele hier auf meinen Alltagswegen schon kennen. Auf allen anderen Wegen spüren die Männer, dass ich nicht zu den blonden europäischen Frauen gehöre, die auf der Suche nach einem jungen Mann sind.

Es schadet nicht zu wissen, dass die arabische Sprache eine sehr blumige ist. Was wir Deutschsprachige in einem Satz zum Ausdruck bringen können, darüber können Ägypter fast fünf Minuten lang reden. Wenn Ägypter

Komplimente ins Englische übersetzen, dann klingt das für viele Frauen ungewohnt schmeichelhaft. Kaum ein Europäer würde mir als Frau, ohne mich zu kennen, ein Kompliment über meine schönen blauen Augen machen und vieles mehr. Ich konnte damit schon am Beginn meines Aufenthaltes sehr gut umgehen und antwortete oft mit einem Dankeschön für die vielen „Blumen". Wären alle mir zuteil gewordenen schönen Worte Blumen, dann könnte ich wohl den größten Blumenladen Hurghadas eröffnen, den es bist jetzt dort gegeben hat. Die meisten Männer, die diese Antwort von mir erhielten, konnten darüber lachen und wussten sofort, ich gehöre zu einer anderen Kategorie Frau.

Dein neues Selbstbewusstsein

Deine Träume helfen dir auch noch bei etwas ganz Entscheidendem: Dein Selbstbewusstsein wird enorm stark.

Du weißt genau, was du willst und du hast dabei die Gelassenheit, noch nicht zu wissen, wie du es erreichen wirst. Dein Selbstbewusstsein ist so stark, weil du dir nun mehr vertraust, als du je zu träumen gewagt hättest. Genau das strahlt eine Stärke aus, die sich die meisten Menschen wünschen.

Deine Träume und die Arbeit an ihnen können dir helfen, dich im Alltag nicht mehr zu verbiegen. Deine Arbeit an deinen Träumen macht das möglich, weil

- du dich annehmen kannst, so wie du bist, und du gibst dich jetzt auch genauso,

- du ein klares Bild von der Welt hast, in der du jetzt lebst und zukünftig leben möchtest und wirst,

- du zu deinen Werten und Ansichten stehst,

- du über deine Wünsche, Träume und Ziele sprechen kannst, unabhängig davon, was andere darüber denken,

- du konsequent, da fokussiert, in deinem Tun und Handeln bleibst und nicht anders zu agieren beginnst, weil der Wind plötzlich aus einer anderen Richtung weht,

- du deine Schwächen kennst, die du nicht zu verheimlichen brauchst.

Authentisch sein und bleiben

Das Schöne und das Gute an Menschen, die sich nicht (mehr) verbiegen ist: Sie sind authentisch und fühlen sich „echt" an. Man weiß, woran man mit ihnen ist.

Auch ich möchte, dass du weißt, woran du mit mir als Autorin, als Coach, als Speakerin, als Mensch bist. Ich habe es nicht nötig, mich zu verstellen und dir vorzumachen, es wäre ganz einfach, sich seine Träume zu erfüllen und du brauchst halt nur etwas Glück dazu. Nein! Ohne die Arbeit an dir selbst wird es kaum so schön und wunderbar möglich sein.

Ich wollte nie zu jenen Auswanderinnen gehören, die enttäuscht nach einem Jahr oder gar nach ein paar Monaten wieder zurückkommen. Wenn ich die größte Entscheidung meines Lebens treffe und mir hochgesteckte Ziele setze, dann aus voller Überzeugung, es zu schaffen!

In meinem Job als Vertriebsleiterin wie auch hier in Ägypten trenne ich Berufliches von meinem Privatleben. Ich finde, das macht durchaus Sinn und fühlt sich für mich gut an.

Gehörst du zu den Menschen, die sagen: „In der Arbeit bin ich ganz anders als privat?" Geht das wirklich? Geht das für dich, ohne eine Maske aufzusetzen? Wieso möchte jemand beruflich ganz anders sein als privat? Wozu? Um mehr Autorität zu bekommen?

Für mich, auch als langjährige Führungskraft, ist Autorität zu erlangen nur möglich, wenn ich authentisch bin und bleibe. Eine Führungsperson, einen Autor oder einen Coach „ernst" nehmen, weil er glaubt, er „müsste", weil er dann „könnte" – ganz ehrlich, das gefällt mir gar nicht. Auch wenn ich Berufs- und Privatleben zum überwiegenden Teil trenne, so bin ich doch derselbe Mensch.

Ein Mensch, der sich, unabhängig von beruflichen wie privaten „Rollen", das Leben mit den oben genannten Eigenschaften nicht freiwillig schwerer, sondern leichter macht.

Ein Mensch, der seine Werte kennt und weiß, dass er sie ausleben kann, beruflich wie privat.

Diese Erkenntnis war eine Entdeckung von unschätzbarem Wert. Sie hat viel mit meiner Zufriedenheit und Dankbarkeit zu tun und der Fähigkeit, mein Leben hier am Roten Meer so entspannt genießen zu können.

Deine Träume helfen dir auch in Bezug auf Ehrlichkeit, Offenheit und Authentizität. Du kannst an dir selbst nicht gut arbeiten, wenn du nicht ehrlich und offen zu dir selbst bist. Und du wirst nicht glücklich, wenn du deine Träume zu planen und umzusetzen beginnst, und wenn du sie gleichzeitig vor anderen verheimlichst. Das würde die Strahlkraft deines Diamanten unglaublich schwächen und dir den Spaß und die Freude am Erfüllen deiner Träume nehmen.

Möchtest du beruflich wie privat mehr Ehrlichkeit, Offenheit und Authentizität ins Miteinander bringen? Dann fange bei dir selbst an und fordere auch andere dazu auf, sich offen zu äußern und dir und deinem Umfeld den Rahmen dafür zu bieten.

Wenn du das eine Zeitlang „geübt" hast, wirst du vielleicht auch so weit gehen wollen und die „Blender" in deinem beruflichen Alltag entlarven. Das fällt einem dann nämlich nicht mehr schwer. Auch die sogenannten „Dampfplauderer" werden sich in deiner Gegenwart nur mehr äußern wollen, wenn sie wirklich etwas zu sagen haben. Ganz ehrlich? Auch das habe ich genossen!

Viele Lehrkräfte kommen nach einem Schultag hier an der Deutschen Schule müde nach Hause. Ich gehöre nicht zu ihnen. Die Schule ist nicht mein Leben, so gerne ich auch unterrichte. Diese Zeit in der Schule ist ein Teil eines Tages, den ich davor und danach noch mit vielen schönen Momenten fülle: Einen Sonnenaufgang, in den ich manchmal auch direkt hineinschwimme, der Arbeit als Autorin, der Arbeit als Coach und der Arbeit an weiteren noch geheimen Träumen …

Träume geben viel Kraft und helfen, den Alltag zu etwas Besonderem zu machen!

Mach etwas daraus!

„Mach was draus!" – Ich erinnere mich gut an die Situation, als mir jemand diesen kurzen Satz sagte und mir dabei tief in die Augen schaute.

Es war während einer Abschlussübung ganz zu Beginn meiner NLP Coachingausbildung. Jeder durfte im Sitzkreis jeweils nach zwei Minuten den Platz wechseln und den anderen Teilnehmern nur Positives sagen. Ein Teilnehmer sagte am Ende der zwei Minuten „Mach was draus!" zu mir.

Mein Verstand wusste in dieser Situation genau, dass ich wirklich etwas daraus machen konnte. Doch ganz ehrlich? Zu dieser Zeit vertraute mein Verstand meinem Herzen noch nicht genug. Er war noch nicht bereit, meinem Herzen die Hand zu reichen.

Kannst du dich an eine der Grundannahmen im NLP erinnern, die ich bereits im fünften Kapitel erwähnt habe?

Wir haben alle Ressourcen,
die wir brauchen
oder können sie uns verschaffen.

Auch wenn mein Verstand damals noch zu wenig vertraute, so war es mein Glaube daran, dass diese Annahme stimmte. So wurde mein Vertrauen in mich und meine Fähigkeiten sehr groß. Nicht von heute auf morgen, aber stetig größer und größer. Mein immer größer werdendes Vertrauen und mein Bauchgefühl verhinderten, dass ich mich als NLP und Hypnose Coach in Salzburg selbstständig machte.

Ich wollte nicht einer von vielen Coaches sein, die über Ziele und Träume sprechen und selbst ein Seminar nach dem anderen abhalten. Wenn das ein großes Ziel ist, dann kann das durchaus stimmig sein. Für mich wäre es nicht stimmig gewesen. Ich bin kein Coach, der nur über die Theorie eines selbstbestimmten Lebens spricht. Ich bin ein Coach, der es selbst nachvollziehbar vorlebt und sich seinen jahrelang geheimen großen Traum vom Leben auf dem afrikanischen Kontinent noch mit 40plus5 erfüllt hat.

Einige Menschen haben mich gefragt: „Ja, aber wie kannst du deinen Traum leben und gleichzeitig Coach sein?" Das ist möglich – aber anders, als es die meisten tun. Und auch für dich ist vieles anders möglich!

Du hast mein Buch fast zu Ende gelesen, und nun schaue ich dir tief in die Augen und sage dir:

Mach etwas daraus!

Nutze dieses Buch. Nutze meine wahren Geschichten und meine Gedanken für dich und deinen Weg. Mach dir meine Erfahrungen zunutze, um deine eigenen zu machen. Nutze meine Offenheit, um dir selbst näher zu kommen. Nutze meine Erkenntnisse auf dem Weg, mir meinen großen Traum erfüllen zu können, um dir deine eigenen Wünsche und Träume zu erfüllen. Nutze dieses Buch als eine Schritt-für-Schritt-Anleitung, um deine großen wie kleinen Ziele zu erreichen. Nutze deinen Diamanten. Nutze seine Strahlkraft und mach etwas daraus!

> *„Am Ende gilt doch nur, was wir getan und gelebt*
> *und nicht, was wir ersehnt haben."*
> **(Arthur Schnitzler, 1862-1931)**

Herz und Verstand gehen Hand in Hand

Story „Auf zu neuen Ufern ...“

Es klingelt. Mein bester Freund ist überpünktlich und ich auch. Ich habe alles gepackt. Die Wohnung ist leer. Noch einmal gehe ich bewusst durch jene Wohnung, die für 3,5 Jahre mein wunderbares Zuhause war. Hier habe ich vom Balkon aus die schönsten Sonnenuntergänge erlebt. Hier brauchte ich im Winter bei ausreichender Schneelage nur über die Dorfstraße zu gehen und war mitten auf der Langlaufloipe. Von hier aus ging ich viele Stunden lang meine Anifer Dankbarkeitsrunden. Hier habe ich gelernt, regelmäßig die Perspektiven zu wechseln.

Und nun ist es soweit, die Türe hinter mir für immer zu schließen. Wir bringen die Koffer vor das Haus und ich gehe zurück, um den Schlüssel für meinen Vermieter in den Postkasten zu werfen. Ich halte den Schlüssel noch einmal ganz fest, schließe kurz die Augen und dann lasse ich los.

Wir sind gut in der Zeit und natürlich lasse ich mich mit meinen zwei großen und einem kleinen Koffer noch fotografieren. Es ist das letzte Foto von mir, bevor ich Österreich verlasse, um mir meinen großen Traum vom Leben auf dem afrikanischen Kontinent zu erfüllen.

Im Auto sprechen wir nicht viel. Wir haben uns wortlos versprochen, zum Abschied stark zu sein. Die Fahrt zum Flughafen dauert nur zehn Minuten. Es geht mir fast zu schnell.

Mein bester Freund begleitet mich mit meinen Koffern zum Schalter. Air Cairo ist bereit zum Check-In. Ich reihe mich in die Schlange ein und schon spüren wir beide, dass wir beginnen, schwach zu werden. Wir kennen uns so gut, dass wir uns nur ansehen müssen, um zu wissen, jetzt ist es Zeit. Noch bevor eine Träne fließt, verabschieden wir uns mit einer innigen Umarmung.

17mal war der Moment nach drei Stunden Flugzeit ein ganz besonderer: Der Blick von 10.000 Metern Höhe auf die nordafrikanische Küste zauberte mir immer ein zufriedenes Lächeln ins Gesicht. Diesmal ist es Nacht. Ich spüre es sehr genau und erkenne die Lichter der Küste. Und jetzt ist es soweit: Ich lasse meine Tränen über meine Wangen kullern. Es sind Tränen der Freude, dass ich mir wirklich noch mit 40plus5 meinen großen Traum erfüllt habe. Noch im Flug in 10.000 Meter Höhe über dem afrikanischen Kontinent spüre ich bereits, dass und wie ich ankomme.

Der neue Flughafen in Hurghada ist angenehm groß und glänzend sauber. Keine Aufdringlichkeit wie noch einige Jahre zuvor. Als ich aus dem Flugzeug aussteige, hole ich tief Luft. Es ist eine warme, für mich angenehme Nachtluft. Niemand, den ich kenne, wartet hier am Flughafen auf mich. Ich gehöre zu den wenigen Frauen, die keinem Mann folgen, um hier zu leben. Ich bin hier nur für mich. Für mich und meine 15 „Mäuse" der zukünftigen ersten Klasse der Deutschen Schule in Hurghada.

Müde komme ich im Hotel an, stelle mir den Wecker für den Sonnenaufgang und gehe schlafen.

The lady of sunrise

Meine erste Nacht ist kurz. Der Sonnenaufgang beginnt um 5 Uhr früh. Es ist für mich selbstverständlich, als „The lady of sunrise" (wie mich Freunde später liebevoll nennen) meinen ersten Morgen als Einwanderin mit dem Aufgang der Sonne zu zelebrieren.

Die Sonne geht hier am Roten Meer unglaublich schön auf. So schön, dass ich am ersten Morgen auch ein schönes Kleid dafür anziehe. Es ist für mich ein feierlicher Moment: Ich stehe alleine am Strand am Roten Meer auf meinem Kontinent und beginne bewusst ein neues Leben.

In meinem schönen Kleid sitze ich zwei Stunden am Strand, mache Fotos von mir und danke im Stillen all den Menschen, die mich auf meinem Weg begleitet und unterstützt haben.

Auf meiner privaten Facebook-Seite und auf Instagram teile ich diesen Moment mit einem Foto von mir, direkt im Sonnenaufgang stehend, und mit den Worten:

Good morning wonderful Red Sea.
Good morning beautiful Egypt.
Good morning amazing Africa.
Good morning great whole world.
I am from Austria
and now I am ready for living my big dream –
as a proud and powerful woman.

Warum du dir selbst danken darfst

Am ersten Tag meines neuen Lebens hier auf dem afrikanischen Kontinent habe ich nichts anderes gemacht als das, was ich am besten kann: genießen.

Am Tag davor, kurz vor dem Abflug am Salzburger Flughafen, habe ich noch ein Live-Video für meine 40plusCoach-Facebookfans gemacht. Ich habe vielen Menschen gedankt, die mich dabei unterstützt haben, mir meinen großen Traum vom Leben auf dem afrikanischen Kontinent zu erfüllen. Eine Person hatte ich jedoch vergessen. Ich hatte vergessen, mir selbst zu danken.

Im letzten großen Kapitel möchte ich dir nochmals einiges mit auf deinen Weg geben. Ich beginne damit, dich zu ermutigen, dich zu animieren und zu motivieren, dir selbst immer wieder zu danken. Ja, das sollst, kannst und darfst du.

Danke deinen Erkenntnissen

Dein erster Schritt, um dir deine Träume zu erfüllen und deine Ziele zu erreichen ist, dir selbst Fragen zu stellen. Im ersten Kapitel habe ich dich aufgefordert zu fragen, ob du dich und das, was dich ausmacht, wirklich voll leben kannst.

Du darfst dir für deine Antwort und Erkenntnis selbst danken. Die Erkenntnis, wer du bist und was dich ausmacht, lässt dich dein Leben mehr und mehr genießen, weil du viel bewusster lebst und viel bewusster auch für andere da sein kannst.

Du darfst dir danken, dass du bereit bist, für dich und das, was alles in dir steckt, die Verantwortung zu übernehmen.

Danke deinem Verstand

Angenommen, du möchtest wirklich beginnen, deinen großen Traum zu leben. Und angenommen, dein Herz ist dafür bereit und fragt deinen Verstand: „Warum nicht jetzt?" Dein Verstand antwortet nicht, sondern eröffnet den Dialog immer noch und nur mit einem „Ja, aber ..."

Du darfst dir nicht nur s   elbst danken, du darfst auch stolz auf dich sein, wenn du dich dann fragst: Was braucht mein Verstand, damit er meinem Herzen die Hand reichen kann?

Wenn es dir schwer fallen sollte, Antworten darauf zu finden, dann sei dir selbst dankbar, dass du nun soweit bist, Unterstützung annehmen zu können und zu wissen, wer dir dabei helfen kann.

Danke dir für deine Zeit

Doch zuvor braucht es eines von dir: deine Entscheidung für dein Kommitment.

Wenn du dich wirklich, wie im zweiten Kapitel beschrieben, für Kommitment 1 (Seite 29) entscheidest, dann darfst du dir sehr dankbar sein. Unglaublich dankbar darfst du dir sein, wenn du dich auch für deinen Diamanten entscheidest, wenn du beginnst, mit ihm zu arbeiten und dein Ziel smart in die Mitte schreibst.

Dankbar und stolz darfst du sein, wenn du diese Zeit in dich investierst. Ich weiß, dass dir diese Arbeit an dir selbst im ersten Moment unglaublich mühsam erscheint. Doch diese Zeit ist so wertvoll investiert. Du darfst dir selbst danken, wenn du diese Zeit als eine spannende Entdeckungsreise in dein Ich planst und dann auch bereit bist, sie anzutreten, Schritt für Schritt.

Danke deinem Glauben an dich und deine Kräfte

Du darfst dir selbst danken, wenn du das Zitat von Marie Freifrau von Ebner-Eschenbach aus dem zweiten Kapitel zu Herzen nimmst und an deine Kraft glaubst. Eine Kraft, die scheinbar Unmögliches möglich macht!

„Wenn es einen Glauben gibt, der Berge versetzen kann, so ist es der Glaube an die eigene Kraft."
(Marie Freifrau von Ebner-Eschenbach, 1830-1916)

Danke dir für das, was du täglich alles bewältigst

Jeder von uns hat in seinem Leben schon so viel gemacht. Daher dürfen wir uns jeden Tag bei uns selbst bedanken für alles, was wir leisten, beruflich genauso wie privat. Ja, das dürfen wir, und wir dürfen uns auch selbst auf die Schulter klopfen.

Als Führungskraft von 16 Vertriebsmitarbeitern habe ich immer versucht, sie zu ermutigen und sie aufgefordert: „Hey, klopft euch auf die Schulter! Selbst! Vergesst nicht, es regelmäßig zu tun. Wir alle machen einen tollen Job und dafür dürfen wir uns selbst danken!"

Es gibt bestimmt viele Tätigkeiten, die du gut kannst, die quasi zur täglichen Routine gehören. Wenn du ganz ehrlich bist: Hast du dir dafür schon mal selbst auf die Schulter geklopft? Nein? Wieso nicht?

Von Tätigkeiten, die wir selbstverständlich gut können, nehmen wir auch an, dass wir diese nicht erwähnen müssen. In meinen Augen ist das ein Irrtum.

Wenn neue Kunden unseren Mitarbeitern eine E-Mail schreiben und darin ihre Überraschung über die prompte Lieferung positiv zum Ausdruck bringen oder bei Reklamationen das unkomplizierte Vorgehen loben, dann passiert das nicht einfach nur so. Ja, dann dürfen unsere Mitarbeiter stolz darauf sein!

In Zeiten ständiger Veränderung können wir alle zeigen, was uns Menschen so besonders macht: Wir können extrem viel lernen, und das ein Leben lang!

Wenn wir das neu Gelernte gut beherrschen, wieso sollten wir dann plötzlich weniger stolz darauf sein?

Danke, dass du dir selbst danken kannst

Natürlich ist es schön, wenn andere Menschen uns danken. Doch wir sind auf das Danke der anderen nicht angewiesen. Wir dürfen es selbst tun. Das macht frei.

Frei von Mitmenschen und darauf angewiesen zu sein, ob und wie sehr du mit dir zufrieden bist.

Es liegt an uns selber, es zu sein und zu tun.

Auch meine 15 „Mäuse", wie ich die Schüler meiner ersten Klasse gerne nenne, fordere ich bereits im Alter von sechs Jahren auf, sich selbst zu loben. Auf all das, was sie täglich Neues lernen (und das ist verdammt viel), dürfen auch sie stolz sein.

Ich möchte dich ermutigen, animieren und motivieren, dir täglich selbst zu danken für das, was du alles tust.

Natürlich haben auch mich viele Menschen bei der größten Entscheidung meines Lebens unterstützt. Letztendlich war es aber alleine meine Entscheidung, diesen großen Schritt zu wagen und mir meinen großen Traum vom Leben auf dem afrikanischen Kontinent zu erfüllen. Dafür danke ich mir immer wieder, selbst nach über einem Jahr.

Ich bin überzeugt, dass es viele Dinge in deinem Leben gibt, wofür du dir selbst dankbar sein darfst. Vielleicht auch schon bald für deinen ganz großen Schritt auf deinem Weg in deine erfüllte zweite Lebenshälfte, in der dein Herz und Verstand Hand in Hand gehen.

Fokussiert, gelassen und humorvoll

Ich lag am Boden, entspannt, in einer mittleren Trance. Die Muskeln meiner Arme und Beine waren so entspannt, dass sie immer wieder zuckten. Mein Geist war hellwach und mein Körper schien tief zu schlafen. Meine Tränen kullerten über meine Wangen, ohne Ende. Im Zuge meiner Coachingausbildung, auch zum Hypnose Coach, habe ich die Welt der Entspannungsreisen, die Welt der Traumreisen, die Welt der angenehmen Trancezustände kennen und lieben gelernt.

Der Spiegel

Eine entspannte Reise in unser Unterbewusstsein, in der wir nichts machen, was wir nicht selbst wollen (da unser Geist hellwach ist und nur der Körper zu schlafen scheint). Das hilft bei vielem und vor allem auch dabei, limitierende Glaubenssätze zu entlarven.

Ich habe begonnen zu weinen, weil ich in der Trance in einen Spiegel blickte, der mir zeigte, wie ich mich jetzt, in diesem Moment, selbst sah. Ich sah eine hübsche Frau, die viel zu streng mit sich selbst umgeht und immer alles perfekt machen möchte. Eine Frau, die es im Leben viel einfacher haben könnte, wenn sie es sich selbst nicht immer schwerer machen würde. Neben diesen Spiegel stand ein zweiter. Die hübsche Frau sollte nun in diesen Spiegel sehen und jene Frau erkennen, die sie gerne sein möchte.

In diesem zweiten Spiegel sah ich eine Frau, mich anlächelte. Sie hatte eine Ausstrahlung, die mich faszinierte. Sie schien eine ganz klare Vorstellung davon zu haben, was sie möchte und wirkte dabei so entspannt. Neben der Frau erschienen nun plötzlich drei Wörter: fokussiert, gelassen und humorvoll. Das war die Frau, die ich sein wollte.

Während ich diese Zeilen schrieb, habe ich Gänsehaut bekommen. Die intensive Erinnerung daran bewegt mich noch heute. Nach dieser Reise in mein Unbewusstes war ich zu nichts mehr fähig. Es war eine meiner ersten Hypnoseeinheiten, und ich war überwältigt. Ich war überwältigt, wie klar das Bild der Frau war, wie sie jetzt ist und wie klar es war, wie sie gerne sein möchte, sein kann und geworden ist. Ich war aber auch schockiert, wie sehr ich mich selbst blockiert hatte, mit meinem Glauben, immer alles richtig und perfekt machen zu müssen.

Ich habe meinem Trainer danach von diesen drei Worten erzählt und welche Erleichterung ich nun in mir spürte. Er sagte nicht viel, aber er lächelte mich zufrieden an.

Der Spiegel und seine Wirkung

Ich habe ein paar Tage später noch etwas ganz Wichtiges gemacht. Ich habe meine Assistentin gebeten, mir drei große Smileys zu gestalten. In einen Smiley ließ ich sie das Wort „fokussiert" schreiben, in den zweiten „gelassen" und in den dritten „humorvoll". Diese drei Smileys habe ich dann außen an die Tür meines Büros gehängt.

Meine Mitarbeiter, mein Chef und vor allem meine Kollegen waren zuerst etwas verunsichert, als sie an meinem Büro vorbeigingen. Am ersten Tag kam fast niemand zu mir ins Büro. Ich habe ihnen dann erzählt, warum diese Smileys hier hängen: Wenn ich in der Frühe ins Büro komme, werde ich dreifach angelächelt. Wenn ich am Abend das Büro wieder verlasse, möchte ich selbst mindestens zweifach lächelnd wieder nach Hause fahren: fokussiert und gelassen oder gelassen und humorvoll oder fokussiert und humorvoll.

Wenn Mitarbeiter oder Kollegen ohne ein Lächeln zu mir ins Büro kamen, weil sie wussten, bei mir brauchten sie sich nicht zu verstellen, dann war es mein Ziel, dass sie mit mindestens einem Lächeln wieder hinausgingen: mit einem fokussierten, einem gelassenen oder einem humorvollen Lächeln. In meiner Wahrnehmung ist mir das oft gelungen, weil die Frau, die ich im zweiten Spiegel sah, mehr und mehr sie selbst war.

Diese drei Wörter haben auch dazu beigetragen, mir meinen großen Traum zu erfüllen und in der Umsetzung fokussiert, gelassen und humorvoll zu bleiben.

Fokussiere dich auf deine sieben wichtigsten Werte

Mache die Übungen im dritten Kapitel. Es ist wirklich nicht viel Zeitaufwand dafür nötig. Nimm sie ernst und überprüfe, ob du sie in deinen Lebensbereichen gelebt wiederfindest. Hänge keinen Wunschträumen nach, die nicht gewährleisten, dass du deine sieben wichtigsten Werte leben kannst.

Überprüfe deinen Diamanten. Hast du in deinem Ziel deine dir wichtigen Werte berücksichtigt? Wirst du dein Ziel erreichen und dann sein (S im Diamanten), was dich wertvoll macht? Wirst du tun (T im Diamanten), was dir wichtig ist und wirst du haben (H im Diamanten), was es wert ist, dein Ziel zu erreichen?

Fokussiere dich auf deine positiven Glaubenssätze

Nutze das vierte Kapitel in meinem Buch, um dich von deinen limitierenden Glaubenssätzen zu befreien. Es ist möglich, auch mit limitierenden Glaubenssätzen Ziele und Träume zu erreichen, doch der Energieverlust dabei ist viel zu hoch. Mache dir eine Sprache zunutze und fokussiere dich auf ein „Ich kann" oder auf ein „Ich kann noch nicht", aber niemals mehr auf ein „Ich kann nicht".

Fokussiere dich auf ein Denken, dass dich stark macht und dir Kraft gibt.

Fokussiere dich auf das, was du gewinnst

Dein Denken in Werten, dein Fokus auf das, was dich stark macht und dir Kraft gibt, all das hat Konsequenzen. Konsequenzen, die auch ihren Preis haben können.

Fokussiere dich auf das, was du gewinnen wirst, wenn du Schritt für Schritt in eine erfüllte zweite Lebenshälfte gehst. Konzentriere, visualisiere und fokussiere dich auf das Erreichen deines Zieles.

Fokussiere dich auf das Gelingen, auf deinen Plan A, und nicht auf ein mögliches Scheitern. Denn das gibt es gar nicht, wenn du bereit bist, Fehlschläge als Feedback anzunehmen.

Konzentriere, visualisiere und fokussiere dich darauf, wie es sein wird, was du haben und tun wirst, wenn du dir deinen Traum erfüllt hast.

Vertrauen macht dich gelassen

Dein Vertrauen in das, was dich ausmacht, was du kannst und was du noch zu lernen bereit bist, macht dich sicher und gelassen. Du weißt nun, dass jeder von uns viel und oft ungeahntes Potenzial in sich trägt, das nur darauf wartet, entdeckt zu werden.

Erinnerst du dich an diese zwei Sätze im sechsten Kapitel?

Ein Vogel hat niemals Angst davor,
dass der Ast unter ihm brechen könnte.
Nicht weil er dem Ast vertraut,
sondern seinen eigenen Flügeln.

Vertraue auf deine Flügel, und du wirst gelassen von Ast zu Ast fliegen und dabei ungeahnte Höhen erreichen. Das Gesetz der Anziehung zieht dich auch nach oben.

Auch darauf kannst du vertrauen.

Vertrauen ist ein wertvoller Grund für dein Wohlbefinden. Auch dein Wohlbefinden macht dich gelassen und lässt dich stressfrei gute Entscheidungen treffen.

Bewusst humorvoll

Ein starkes Bewusstsein hilft ungemein, dir deine Träume zu erfüllen.

Menschen, die bewusst dankbar sein können, Menschen, die sich bewusst sind, dass Sorgen nur im Horrorfilm des eigenen Kopfkinos stattfinden, Menschen, die erkennen, dass ihnen neben den Sorgen auch der Ärger den Genuss am Leben raubt, ja, sie alle haben erkannt, dass es mehr Sinn macht, vieles humorvoll statt verbissen zu sehen.

Eine erfüllte zweite Lebenshälfte ist auch eine Lebenshälfte, in der du erkennen darfst, dass es mehr im Leben zu lachen gibt, als du es in deiner ersten Lebenshälfte getan hast. Belohne dich bewusst für jeden noch so kleinen Erfolg, das hilft dabei, dass das Erreichen deiner Ziele auch sehr viel Spaß macht.

Mache dir den Inhalt des sechsten Kapitels wirklich zunutze. Es ist so schön, auf dem Weg in eine erfüllte zweite Lebenshälfte gemeinsam mit Herz und Verstand das Leben bewusst zu leben und zu genießen.

Herz und Verstand geben sich die Hand

Im März 2017, vor meiner letzten Reise als Touristin nach Ägypten, hatte ich einen Blogartikel geschrieben:

„40plus – bereit für einen Neuanfang?
Bereit für den Zauber in einer anderen Stadt,
in einem anderen Land?"

In diesem Artikel schrieb ich darüber, dass ich schon einmal in meinem Leben sehr mutig war, nämlich als ich im Alter von 23 Jahren geheiratet hatte. Mein Mann war damals auch mutig, denn er hatte mir am Hochzeitstag auswendig vor allen Gästen den Text „Stufen" vorgetragen.

Nach diesem Urlaub im März 2017 und bis ich mich dann tatsächlich entschieden hatte, meinen nächsten Schritt auf die nächste Stufe zu setzen, las ich meinen eigenen Blogartikel fast täglich abends im Bett.

Der Artikel endet mit dem bekannten Text „Stufen" von Hermann Hesse. Mit diesem Text bin ich jeden Abend mit großer Zuversicht eingeschlafen. Er hat mir, meinem Herzen und meinem Verstand Mut gemacht.

Jeden Abend vor dem Einschlafen gaben sich beim Lesen des Textes Herz und Verstand die Hand. Gemeinsam waren sie dann bereit, die nächste Stufe zu gehen.

Stufen

Wie jede Blüte welkt und jede Jugend
Dem Alter weicht, blüht jede Lebensstufe,
Blüht jede Weisheit auch und jede Tugend
Zu ihrer Zeit und darf nicht ewig dauern.
Es muß das Herz bei jedem Lebensrufe
Bereit zum Abschied sein und Neubeginne,
Um sich in Tapferkeit und ohne Trauern
In andre, neue Bindungen zu geben.
Und jedem Anfang wohnt ein Zauber inne,
Der uns beschützt und der uns hilft, zu leben.

Wir sollen heiter Raum um Raum durchschreiten,
An keinem wie an einer Heimat hängen,
Der Weltgeist will nicht fesseln uns und engen,
Er will uns Stuf' um Stufe heben, weiten.
Kaum sind wir heimisch einem Lebenskreise
Und traulich eingewohnt, so droht Erschlaffen,
Nur wer bereit zu Aufbruch ist und Reise,
Mag lähmender Gewöhnung sich entraffen.

Es wird vielleicht auch noch die Todesstunde
Uns neuen Räumen jung entgegen senden,
Des Lebens Ruf an uns wird niemals enden ...
Wohlan denn, Herz, nimm Abschied und gesunde!
(Hermann Hesse, 1877-1962)

© Suhrkamp Verlag Frankfurt am Main 2002

(Aus: Hermann Hesse, Sämtliche Werke in 20 Bänden, Herausgegeben von Volker Michels. Band 10: Die Gedichte. Suhrkamp Verlag, Frankfurt am Main 2002)

Sei bereit, von anderen zu lernen

Orientiere dich an Vorbildern, ohne sie zu kopieren, das empfehle ich dir. Ob Zitate, Texte oder eine ganze Lebensgeschichte berühmter und erfolgreicher Menschen, übernimm nicht alles einfach nur unreflektiert. Nimm es an und überlege dir, was du daraus für dich nutzen kannst. Übertrage es auf deine Situation.

Du brauchst für das Erfüllen deiner Träume und das Erreichen deiner Ziele wie im siebenten Kapitel geschrieben nicht Mandela, Disney oder Goethe zu sein. Nimm ihre Art zu denken an. Beginne auch, groß und anders zu denken. Umgib dich mit Menschen, die dich dabei unterstützen. Nutze Vorträge, Kongresse und soziale Medien, um dich mit diesen Menschen zu vernetzen. Sprich mit ihnen über deine Träume und Ziele. Keiner wird dich auslachen, sondern dich ermutigen, es JETZT zu tun!

Du und deine Träume sind unbezahlbar

Alle, die ihre Träume leben und gewohnt sind, auch ihre großen Ziele zu erreichen, wissen: Es hat auch seinen Preis. Doch keiner ist zu hoch, es nicht trotzdem tun.

Kein Preis ist zu hoch, um nicht dein ICH voll auszuleben.

Kein Preis ist zu hoch, dein ganzes in dir schlummerndes Potential entdecken zu wollen.

Kein Preis ist zu hoch, deine zweite Lebenshälfte fokussiert, gelassen und humorvoll zu leben.

*Kein Preis ist zu hoch, dein einziges Leben
genussvoll zu leben.*

*Kein Preis ist zu hoch, die Strahlkraft deines Diamanten
für dich und andere zu nutzen.*

Kein Preis ist zu hoch, du selbst zu sein.

Kein Preis ist zu hoch, deine Träume zu verwirklichen.

Wenn du etwas loslässt, gewinnst du Platz für Neues

Nimm dir das achte Kapitel zu Herzen und beschäftige dich mit dem Loslassen. Sei bereit dazu. Brich auf zu neuen Ufern und lasse das alte mit Achtung und Respekt hinter dir. Verzeihe dir und anderen, nimm deine Vergangenheit als einen wichtigen Teil an. Ohne sie wärst du heute nicht da, wo du bist.

Ja, ich hätte mir schon viel früher meinen Traum vom Leben auf dem afrikanischen Kontinent erfüllen können. Doch die Zeit und ich waren noch nicht reif, um Unmögliches möglich zu machen. Es war notwendig, die vielen Schritte zu gehen. Schritt für Schritt bin ich meinen Weg in eine erfüllte zweite Lebenshälfte gegangen. Bis sich Herz und Verstand die Hand gegeben haben. Dann war ich reif und begann, ohne Zweifel meinen Traum zu leben.

*Investiere diese Zeit, gehe Schritt für Schritt,
und du bist reif auch mit 40plus und mehr,
scheinbar Unmögliches möglich zu machen.*

Die Träume im großen Traum

Am Anfang war es nur ein Traum. Doch dann habe ich begonnen, meinen Traum zu leben.

Am 11. August 2017 bin ich von Salzburg ohne Rückflugticket nach Hurghada geflogen, um endlich meinen Traum vom Leben auf dem afrikanischen Kontinent zu leben. Hier am wunderschönen Roten Meer lebe ich meinen großen Traum und ich arbeite daran, mir weitere Träume im großen Traum zu erfüllen.

Ein weiterer Traum ist dieses Buch, das du nun schon fast zu Ende gelesen hast. Es ist mein Wunsch und mein mir bestimmter Auftrag, Menschen zu ermutigen, auch an das scheinbar Unmögliche zu glauben.

Wenn du dir deine Träume vorstellen kannst, dann kannst du sie auch leben.

Je besser und intensiver du dir deine Träume vorstellst, umso leichter und schneller wirst du sie leben. Es ist unser Glaube, unsere Vorstellungs- und Willenskraft, die so vieles möglich macht.

Träume, Visionen, Ideen

Ich kann mir hier am Roten Meer für mich als Autorin noch sehr viel vorstellen. Ich habe Ideen für weitere vier Bücher, und für die nächsten zwei Bücher bin ich schon mitten in der Planung.

Mein zweites Buch wird dir Einblick geben in den Alltag hier in Ägypten als allein lebende Frau in einem arabischen Land, die mit Herz und Verstand in einer männerdominierten Welt gut zurecht kommt.

Was ist notwendig, um hier als Frau nicht sein Herz und vor allem sein Geld zu verlieren? Die Sehnsucht nach Zuneigung und Liebe wird für viele Frauen zum Schicksal. Ein oft teures Schicksal, weil Herz und Verstand nicht Hand in Hand gehen. In diesem Buch erzähle ich offen über das Leben als allein lebende Frau, die auch im Privatleben daran glaubt, dass scheinbar Unmögliches möglich werden kann.

Ich kann mir für mich als Coach, Autorin und auch Speakerin noch sehr viel vorstellen. Ich habe Visionen für mein Wirken hier in Ägypten und über die nordafrikanische Grenze hinaus.

Ich arbeite fokussiert, gelassen und humorvoll konsequent an meinen Zielen, die mich meine Träume leben lassen. Ich nutze dabei das Gesetz der Anziehung und ergreife die Chancen, die mir geboten werden.

Es ist nicht nur ein Abarbeiten von Zielen, das mich meine Träume hier am Roten Meer leben lässt. Es ist die Vision, die mich antreibt und die ich am 30. Januar 2017 in Worte gekleidet und schriftlich festgehalten habe. Ich habe festgehalten, was ich zehn Jahre später alles erreicht habe werde. Das Buch ist bereits etwas, was du in deiner Hand hältst bzw. dir als E-Book zur Verfügung steht. Meine Vision ist keine unvorstellbare Utopie. Meine Vision ist vorstellbar, umsetzbar und sie lässt nicht zu, dass ich von meinem Weg abkomme.

Auch hier in Ägypten gibt es Menschen mit scheinbar unmöglichen Träumen. Das Gesetz der Anziehung war es, warum ich nach ein paar Monaten solchen Menschen begegnet bin. Sie haben mir von ihren Träumen und ihrer Vision erzählt und ich war begeistert. Heute unterstütze ich sie mit meinem Wissen und meiner Erfahrung. Ich bin überzeugt davon, dass diese Menschen zukünftig sehr erfolgreich sein werden. Ihre Kunden stehen im Mittelpunkt ihrer Vision. Über sie, ihren Erfolg und meinen Beitrag dazu werde ich dann in einem meiner nächsten Bücher schreiben.

Glaube an deine Visionen, deine Träume, deine Ideen

Glaube daran, dass auch du nun zu den Menschen gehörst, die schaffen können, was sie wollen.

Glaube daran, dass das noch scheinbar Unmögliche auch für dich möglich werden kann.

Glaube daran, dass dir dein Vertrauen in dich und deine Fähigkeiten jene Kraft gibt, die deinen Diamanten strahlen lässt.

Glaube daran, dass es Sinn macht, Hilfe anzunehmen, wenn du sie brauchst. Mein Angebot für Menschen, die sich ihren Traum selbst erfüllen und dabei Unterstützung in Anspruch nehmen möchten, findest du im Anhang.

Glaube daran, dass auch dein Herz und dein Verstand Hand in Hand gehen können. Sei dir bewusst, dass wir nur ein Leben haben.

Glaube daran, dass es nie zu spät ist, ein Mensch zu sein, der seinen Traum zu leben beginnen kann.

Ich glaube fest daran, dass du auch mit 40plus und mehr reif bist, das scheinbar Unmögliche möglich zu machen. Warte nicht – tue es JETZT.

„Wenn wir uns von unseren Träumen leiten lassen,
wird der Erfolg all unsere Erwartungen übertreffen."
(Henry David Thoreau, 1817-1862)

Nachwort

Während ich an diesem Buch gearbeitet habe, wurde mir bewusst, dass ich nun schon seit mehr als 12 Monaten hier am Roten Meer in Hurghada lebe.

Mein großer Traum vom Leben auf dem afrikanischen Kontinent ist nach dem ersten Jahr mehr als nur ein Traum – es ist ein wunderschöner real gelebter Traum!

In meinem ersten Buch wollte ich dir zeigen, warum mein großer Traum nicht zum Alptraum geworden ist und auch nie zu einem werden konnte.

Ich habe dir all das offengelegt, was mich bewegt und beschäftigt hat, damit ich endlich im Alter von 45 Jahren meinen großen Traum verwirklichen konnte.

Ich hoffe, ich konnte dir mit meinem tiefen Einblick in einen wichtigen Teil meiner eigenen Persönlichkeitsentwicklung Mut machen. Mut, dich selbst auch mit dir (viel) mehr zu beschäftigen, um deinen großen Schatz in dir zu entdecken.

Ich hoffe, ich konnte dir zahlreiche Anregungen geben, wie du dich besser kennenlernen kannst und ich hoffe, du hast erkannt, warum das so wichtig ist.

Vielleicht gehörst du zu jenen Menschen, für die der eine oder andere Preis dafür, dein Ich voll und ganz zu leben, doch zu hoch ist. Wenn das der Fall sein sollte, dann hoffe ich sehr, dass du dir trotzdem mit ein paar meiner Anregungen deine zweite Lebenshälfte genuss- und lustvoller gestalten wirst.

Du kannst mir jederzeit auf meiner Facebook Seite folgen. Dort erhältst du regelmäßige Impulse für deine zweite Lebenshälfte.

Wenn du Anregungen oder Fragen hast, oder mir einfach ein Feedback geben möchtest, kannst du das gerne über das Kontaktformular in meinem Blog www.40pluscoach. com tun.

Ja, und vielleicht lernen wir uns ja auch mal persönlich in einem meiner Workshops hier in Ägypten oder in Europa kennen.

Nun wünsche ich dir noch wertvolle Einsichten und viel Freude mit diesem Buch.

Mit den besten Wünschen für eine erfüllte zweite Lebenshälfte!

Sabine Stollberger

Danke

Ich bin sehr dankbar, dass ich meinen großen Traum schon lebe und mir noch viele weitere Träume erfüllen kann. Einer dieser Träume war das Schreiben meines ersten Buches. Damit möchte ich viele Frauen erreichen, die vielleicht wie du nun (endlich) beginnen, ihre Träume nicht nur zu träumen, sondern auch zu leben.

Ein weiterer Traum in meinem großen Traum ist es, auch als Speakerin Menschen zu ermutigen, an sich und ihre Träume zu glauben. Während ich an diesem Buch geschrieben habe, bekam ich die erste Einladung zu einem Event in Köln, wo ich noch in diesem Jahr auftreten werde. Das Gesetz der Anziehung funktioniert großartig.

Auf dem Weg, um meine Träume zu verwirklichen, haben mich viele Menschen unterstützt (und einige tun es immer noch). Ganz besonders möchte ich danken:

Benedikt Ahlfed: Als NLP und Hypnose Trainer hat er mich während meiner NLP-Coaching-Ausbildung gefordert, und das war gut so. Ich durfte erkennen, wo meine Grenzen sind und wie ich sie überwinden kann. Meine Ausbildung bei ihm wurde für mich wegweisend: Herz und Verstand haben viel gelernt und ich bin stolz, als Coach nun so viel Gelerntes weitergeben zu können.

Ernst Crameri: Als Erfolgscoach und guter Freund begleitet er mich und meine Träume. Er hat mich vor einigen

Jahren „aufgerüttelt". Unser regelmäßiger Austausch darüber, wie viel scheinbar Unmögliches doch möglich werden kann, inspiriert mich ungemein. Viel an meiner fokussierten und effizienten Arbeit an meinem Buch habe ich ihm zu verdanken.

Beate Forsbach: Als Autoren-Mentorin war sie mir am Beginn der Arbeit mit diesem Buch eine große Unterstützung. Ich wusste, ein Buchprojekt steht und fällt auch mit einem guten Konzept. Für ihre wertvollen Anregungen bin ich ganz besonders dankbar. Ihre Bücher „Der Traum vom eigenen Buch", „Bücher schreiben mit Herz" und „So schreiben Sie Ihr Buch" sind ein idealer Leitfaden, ganz besonders auch für eine Erst-Autorin.

Noch während der Arbeit an diesem Buch wirkte das Gesetz der Anziehung ganz besonders. Nach ein paar Wochen der gemeinsamen Zusammenarbeit erhielt ich von ihr das Angebot, mein Buch als Imprint in ihrem Verlag, der Edition Forsbach, erscheinen zu lassen. Eine große Chance für uns beide, die wir beide zu nutzen wissen.

Herzlichst danke ich meinen Freundinnen, denen ich während meiner Arbeit an diesem Buch weniger Gehör als üblich geschenkt habe. Sie wussten, wie wichtig mir dieser Traum im großen Traum ist und das stärkt, auch wenn wir in dieser Zeit weniger Kontakt hatten.

An meinem 45. Geburtstag erzählte ich meiner Mutter ein bisschen von meinen Träumen in meinem großen Traum. Als ich ihr sagte, dass es einer dieser Träume ist, ein Buch zu schreiben, da war sie nicht überrascht. Sie hat mich mit ihrer Antwort überrascht: „Ich weiß schon lange, dass du einmal ein Buch schreiben wirst. Davon habe ich schon vor Jahren geträumt."

Ich danke ihr aus tiefstem Herzen, dass sie mich in jeder Phase des Arbeitens an meinem ersten Buch gestärkt hat.

Ich bin froh, dass sie beim Erscheinen des Buches erst 63 Jahre alt ist und erlebt, dass ihr Traum tatsächlich Wirklichkeit wird.

Mein ganz großer Dank gehört wieder einmal mehr meinem besten Freund. Auch mit einer Distanz von fast 3000 km ist er „da" und hört mir zu. Wenn ich ihn um seine Meinung bitte, dann kann ich mich darauf verlassen, dass er ehrlich und offen sagt, was er denkt. Er weiß, mir hilft kein Schönreden, sondern die Sicht aus einer anderen Perspektive. Das schätze ich so sehr!

Ich gehöre zu den Menschen, die sich auch selbst danken können. Ich danke mir für mein Vertrauen in mich selbst. Ich danke mir für meine Disziplin und Konsequenz. Und ich danke mir vor allem, dass ich nicht verbissen an meinen Zielen arbeite, sondern das Leben auch auf dem Weg dorthin genießen kann – hier am Roten Meer, schwimmend, tauchend, fotografierend, das Leben sehr bewusst lebend …

Über die Autorin

Sabine Stollberger, Jahrgang 1972, lebt seit August 2017 in Hurghada und ist dort als Grundschullehrerin an der Deutschen Schule tätig.

Dort unterrichtet sie fast ausschließlich Kinder mit nicht deutscher Muttersprache. In ihre Arbeit, auch mit den Eltern, lässt sie viele Elemente des NLP-Coachings einfließen. Sie ermutigt ihre Schüler, an sich zu glauben – unabhängig von ihren Schwächen.

Als 40plus Online-Coach schreibt sie fast täglich in sozialen Medien über ihren Alltag in Ägypten und verbindet ihre Erlebnisse mit Anregungen zur Persönlichkeitsentwicklung.

Auf eigene Fähigkeiten zu vertrauen und das scheinbar Unmögliche möglich zu machen, ist auch Inhalt ihrer Vorträge, Seminare und Workshops. Leidenschaftlich lebt sie vor, worüber sie spricht und schreibt.

Als Iphonografin hält sie die Schönheit Ägyptens in Bildern fest, die sie auch schon in einer Foto-Ausstellung im Cultural Center Red Sea in Hurghada präsentiert hat.

Der Blick und der Fokus auf das „Schöne und Gute" in ihrer alten und in ihrer neuen Heimat ermöglichen ihr, sich in beiden Kulturen zu Hause zu fühlen.

Ihr zweites Buch wird tiefen Einblick in das abwechslungsreiche alltägliche Leben in einem arabischen Land als emanzipierte und selbstbewusste Frau geben.

40 plus 6 Einblicke in ihr Leben findest du übrigens auf ihrem Blog:

www.40pluscoach.com.

Mein Angebot für dich

Du möchtest auch endlich das tun, was du schon lange für dich wünschst und erträumst?

Du hast endlich genug davon, dass dir die Genussräuber „Sorgen" und „Ärger" deine Lebensqualität vermiesen?

Du möchtest dich noch viel besser kennenlernen, weil du spürst, auch du kannst vom Leben noch so viel mehr haben?

Du bist bereit, all das zu erkennen, was dir das Leben noch ermöglichen kann?

Und du bist bereit, nicht nur zu träumen, sondern deine Träume auch zu leben?

Dein Herz lässt deinen Kopf nicken, doch dein Verstand kommt euch beiden noch in die Quere:

„Das geht doch nicht!"

„Das kannst du jetzt nicht machen!"

„Wie willst du das denn schaffen?"

*„Sei dankbar und begnüge dich mit dem,
was du hast!"*

Dein Verstand will dir noch ein schlechtes Gewissen einreden?

Was braucht dein Verstand, damit er deinem Herzen die Hand reichen kann?

Viele Anregungen, um dir diese Frage selbst beantworten zu können, findest du in diesem Buch. Manchmal ist aber noch etwas nötig: die Sicht und die Erfahrung eines Außenstehenden.

Diese Rolle können unterschiedliche Personen einnehmen. Nicht jeder, der Unterstützung anbietet, wird dir sympathisch sein. Und genau das ist wichtig. Denn jede erfolgreiche Unterstützung setzt auch Vertrauen voraus.

Mit meiner Erfahrung und meinem Wissen werde ich dich dabei unterstützen, dass auch du deine Träume endlich verwirklichen kannst. Auch du hast dir eine erfüllte, genussvolle zweite Lebenshälfte verdient. Ja, auch du bist es wert und ich hoffe, du selbst bist es dir auch wert!

Gemeinsam Schritt für Schritt kannst du von einem Coaching mit mir Folgendes für dich erwarten:

- Du kennst dich, deine Stärken und Schwächen besser als je zuvor.

- Du findest deine dir eigenen wichtigsten Werte und beginnst, sie in all deinen Lebensbereichen zu leben.

- Du entlarvst deine limitierenden Glaubenssätze und legst vieles von dem ab, was dich bis jetzt daran gehindert hat, dir deine Wünsche und Träume selbst zu erfüllen.

- Du erkennst die Bedeutung und die Chancen eines selbstbestimmten Lebens.

- Du lässt dich fokussiert, gelassen und humorvoll auf die Chancen ein, die du nun mehr und mehr erkennst und nutzt.

Wenn ich dich bei der Verwirklichung deiner Träume ein Stück des Weges begleite, dann profitierst du am meisten davon, wenn

- du erkennst, dass es nicht die äußeren Umstände sind, die eine Veränderung ausmachen, sondern du es bist, die eine Veränderung möglich macht,

- du bereit bist, deine Komfortzone zu verlassen und der Entdeckergeist in dir erwacht,

- du verstehst, dass ein „Ja, aber …" dich nicht weiterbringt, dir dafür ein „Warum nicht!?" so viel helfen kann,

- du bereit bist, den Fokus auf das Positive zu lenken,

- du das alles wirklich willst.

Ein guter Vorsatz und ein Planen für „irgendwann" sind zu wenig. Es braucht aber nicht viel, nur den ersten Schritt von dir …

Weitere Informationen zu Coaching, Seminaren und Workshops findest du unter:

www.40pluscoach.com/Workshops&Coaching

40plusCoach – Sabine Stollberger

Scheinbar Unmögliches
ist möglich –
auch für dich.

Lebe deine Träume –
Jetzt!

Workshops, Coachings & Vorträge

3 Tages-Workshop
„Am Anfang ist es nur ein Traum.
Wie scheinbar Unmögliches möglich werden kann."

5 Tages-Intensiv-Workshop
„Lebe deinen Traum.
Wie scheinbar Unmögliches möglich wird."

Der Aussteiger-Workshop (1 Tag)

VIP Halbjahrescoaching

VIP Jahrescoaching

Vorträge: „Lebe deine Träume – Jetzt!"

Informationen und Anmeldung:

Sabine Stollberger
40plusCoach, Autorin & Speakerin
E-Mail: info@40pluscoach.com
www.40pluscoach.com